KAREL KNAP · DAS NEUE URHEBERRECHTSGESETZ DER TSCHECHOSLOWAKEI

Schriftenreihe der UFITA Heft 2
Archiv für Urheber-, Film-, Funk- und Theaterrecht
Herausgegeben von Dr. jur. Georg Roeber, München

Karel Knap

DAS NEUE URHEBERRECHTSGESETZ DER TSCHECHOSLOWAKEI

Mit der deutschsprachigen Fassung des Urheberrechtsgesetzes
vom 22. Dezember 1953

VERLAG FÜR ANGEWANDTE WISSENSCHAFTEN
BADEN-BADEN 1956

Druck: F. W. Wesel, Baden-Baden

Inhaltsverzeichnis

Vorwort

Die Zeit ist schon längst vorbei, wo sich die Aufgaben der Rechtswissenschaft nur in der Auslegung des Rechts erschöpft haben. Das Recht ist eine Manifestation des Lebens unter dem Gesichtspunkt der Gesellschaft. Um dieser Tatsache Rechnung zu tragen, darf die Rechtswissenschaft keiner anderen Wissenschaft fern bleiben Eine besondere Aufmerksamkeit ist jedoch der Rechtsgeschichte und der Rechtsvergleichung zu widmen. Es ist gerade die Rechtsvergleichung, die uns ermöglicht, festzustellen nicht nur wie die gleichen bzw. ähnlichen Rechtsprobleme in verschiedenen Ländern gelöst wurden, sondern auch welchen Einfluß auf die Gestaltung der Rechtsordnung die Besonderheiten der geschichtlichen Entwicklung, der kulturellen, sozialen und wirtschaftlichen Verhältnisse ausüben Ich glaube nicht zu übertreiben, wenn ich hier meiner Überzeugung den Ausdruck gebe, daß gerade in unserer Zeit dieses Studium zu einer Notwendigkeit geworden ist. Die Welt ist in zwei Lager geteilt, die sich nicht nur durch ihre politische und wirtschaftliche, sondern auch durch ihre ganze Gesellschaftsordnung wesentlich unterscheiden. Eine Reihe von Staaten befindet sich in dem Stadium des Aufbaues einer neuen Gesellschaftsordnung, die eine durchgreifende Änderung ihrer Rechtsordnung mit sich bringen mußte. Aus diesem Grunde darf die außerordentliche Bedeutung der in den letzten Jahren in den volksdemokratischen Staaten insbesondere auf dem Gebiet des bürgerlichen Rechts ergangenen Gesetzeskundmachungen nicht übersehen werden. Mit Rücksicht auf die gemeinsame Grundlage und die internationale Systematik, die auf dem Gebiete des Urheberrechts durch die Teilnahme dieser Länder an der Revidierten Berner Übereinkunft gewahrt sind, bildet das Urheberrecht einen außerordentlich dankbaren Gegenstand für die Rechtsvergleichung.

Ich glaube, die Überzeugung ausdrücken zu dürfen, daß unter den einzelnen in den volksdemokratischen Staaten neu ergangenen Urheberrechtsgesetzen das tschechoslowakische Urheberrechtsgesetz das größte Interesse der westlichen Rechtsvergleichung verdient, nicht nur wegen der Tragweite und der Neuerungen dieses Gesetzes, sondern besonders, weil von allen volksdemokratischen Staaten die geschichtliche Entwicklung des tschechoslowakischen Urheberrechts der Entwicklung dieses Rechts in westlichen Staaten am nächsten steht und deshalb eine leichtere Rechtsvergleichung ermöglicht.

Um die neue tschechoslowakische Urheberrechtsregelung dem westlichen Leser verständlicher zu machen, habe ich mich sowohl im allgemeinen Teil des Kommentars, als auch bei einzelnen Bestimmungen bemüht, die Rolle zu klären, die bei der Gestaltung dieses Gesetzes die neue Gesellschaftsordnung gespielt hat. Soweit dies zu diesem Zwecke erforderlich war, habe ich aus diesem Grunde auch auf die übrigen neuen Rechtsnormen aufmerksam gemacht.

Es ist für mich eine angenehme Pflicht, an dieser Stelle Herrn Dr Georg Roeber für die mir bei dieser Arbeit freundschaftlich geleistete Hilfe meinen aufrichtigen Dank auszusprechen.

Ich widme diese kleine Arbeit der Idee der internationalen juristischen Zusammenarbeit.

Prag, im Mai 1956 Karel Knap

A. Im Allgemeinen

Die Tschechoslowakei ist mit dem Gesetz vom 22. Dezember 1953, Nr. 115/1953 Slg., welches am 1. Januar 1954 in Kraft getreten ist, zu einer neuen Regelung der urheberrechtlichen Bestimmungen geschritten. Obwohl diese weitgreifende Reform in einer Zeit vorgenommen wurde, die in aller Welt Tendenzen zu wichtigen urheberrechtlichen Reformen aufweist, waren doch die Voraussetzungen für diese gesetzgeberische Arbeit in der Tschechoslowakei auch spezifischer Art. Um dieses Gesetz richtig verstehen zu können, erscheint es zunächst erforderlich, diese spezifischen Voraussetzungen, aus welchen das Gesetz gewachsen ist, in Erwägung zu ziehen.

Gewiß gehört die Tschechoslowakei zu denjenigen Ländern, wo der urheberrechtliche Schutz nicht nur in der Gesetzgebung, sondern auch in dem Rechtsempfinden der Bevölkerung tief eingewurzelt ist. Abgesehen von den vereinzelten Vorschriften aus dem 18. Jahrhundert, wurde der erste urheberrechtliche Schutz für die tschechischen Länder durch das Allgemeine bürgerliche Gesetzbuch vom 1. Juni 1811, Nr. 946 J G S, eingeführt. Gemäß §§ 1164 ff. des genannten Gesetzes wurde dem Urheber das ausschließliche Recht zuerkannt, Einwilligungen zur Benützung seines Werkes zum Zwecke seiner Verbreitung zu erteilen. Dieser Schutz hat sich auf literarische und musikalische Werke und auf Landkarten und topographische Zeichnungen erstreckt. Ein systematischer urheberrechtlicher Schutz wurde durch das Kaiserliche Patent vom 19. Oktober 1846, Nr. 992 J G S durchgeführt, welches später durch das Gesetz vom 26. Dezember 1895, Nr. 197 RGBl. ersetzt wurde. Nach der Errichtung der selbständigen Tschechoslowakischen Republik sind gemäß dem Grundgesetz vom 28. Oktober 1918, Nr. 11 Slg., die für die einzelnen Teile des Staates zu diesem Tage geltenden Vorschriften auch weiterhin in Kraft geblieben. Durch das Gesetz vom 10. November 1921, Nr. 401 Slg., ist die ČSR, in Erfüllung der im Vertrag von St. Germain en Laye übernommenen internationalen Verpflichtung, der Revidierten Berner Übereinkunft zum Schutze von Werken der Literatur und Kunst (RBÜ) beigetreten. Eine neue, für das ganze Staatsgebiet einheitliche Regelung, durch welche das tschechoslowakische

*) Deutschsprachige Fassung des Gesetzes im Anhang zur vorliegenden Abschrift S. 45.

Urheberrecht in Einklang mit den Grundsätzen der RBÜ gebracht wurde, ist durch das Gesetz vom 24. November 1926, Nr. 218 Slg. durchgeführt worden. Mit Rücksicht auf den danach folgenden Beitritt der ČSR zu der Romfassung der RBÜ, der durch das Gesetz vom 30. 11. 1936, Nr. 286 Slg., kundgemacht wurde, wurde das Urheberrechtsgesetz Nr. 218/1926 Slg. durch das Gesetz vom 24. April 1936, Nr. 120 Slg, novelliert. Diese gesetzliche Lage hat ohne Änderungen bis 31. Dezember 1953 gegolten. Die in den gesetzgeberischen Arbeiten auf dem Gebiete des Urheberrechts eingetretene Pause hat jedoch keinesfalls ihre Begründung darin gehabt, daß hier keine neuen Probleme zu lösen gewesen wären. Der riesige Aufschwung der Technik und des Kulturschaffens hat diese Länder vor ähnliche Probleme gestellt wie die übrigen Länder. Mit diesen Problemen hat sich sowohl die Judikatur als auch die Literatur befaßt (vgl. in dieser Hinsicht z. B. die in UFITA Bd. 15 und 16 erschienenen Aufsätze). Die Bemühungen um eine neue Regelung konnten jedoch mit Rücksicht auf die Kriegsereignisse in der Form eines Gesetzes nicht zum Ausdruck gebracht werden.

Es besteht kein Zweifel darüber, daß die Dringlichkeit der Lösung neuer Probleme an sich schon in der ČSR eine neue gesetzliche Regelung des Urheberrechts erzwungen hätte. Die ČSR hat jedoch auch weitere schwerwiegende Gründe für eine durchgreifende Reform dieser Vorschriften gehabt. Die politischen Ereignisse von 1945 und 1948 haben nicht nur die politische, sondern in erster Reihe auch die gesellschaftliche Ordnung wesentlich geändert. Der Gesetzgeber war daher vor die Aufgabe gestellt, in dem Gesetz den sich aus der neuen Gesellschaftsordnung ergebenden neuen rechtlichen Beziehungen auf dem Gebiete des Urheberrechtes Rechnung zu tragen. Da auch die übrigen volksdemokratischen Staaten eine ähnliche Entwicklung ihrer Gesellschaftsordnung durchgemacht haben, ist es selbstverständlich, daß alle in diesen Staaten in den letzten Jahren durchgeführten Urheberrechtsregelungen (Rumänien: Dekret vom 16. Februar 1951, Nr. 19; Bulgarien: Gesetz vom 12. November 1951, Nr. 545; Polen: Gesetz vom 10. Juli 1952, Nr. 234) einige gemeinsame Merkmale aufweisen, wie dies auch Jean Vilbois in seinen kritischen Betrachtungen über die neue tschechoslowakische Urheberrechtsgesetzgebung[1]) richtig feststellt. Doch wäre es völlig unrichtig, wenn man die neue Regelung nur auf diese, durch die geänderten politischen Verhältnisse begründeten Änderungen zurückführen wollte. Der tschechoslowakische Gesetzgeber hat sich gleichzeitig die Aufgabe gestellt, den schwerwiegenden neuen Problemen des Urheberrechts, deren Lösung in den letzten 25 Jahren akut geworden ist, in dem neuen Gesetz Rechnung zu tra-

[1]) Jean Vilbois: „La nouvelle législation tchécoslovaque", Revue internationale du droit d'auteur, VII/1955, S. 23—67.

gen. Gewiß war diese Aufgabe äußerst schwierig, denn es braucht nicht besonders betont zu werden, daß es immer gewagt ist, im Gesetzeswege Probleme zu lösen, die sich in der übrigen Welt noch in einem Stadium theoretischer Diskussionen befinden.

Obwohl der tschechoslowakische Gesetzgeber das neue urheberrechtliche System im Rahmen der neuen, sich aus der geänderten Gesellschaftsordnung ergebenden Rechtsordnung geschaffen hat, konnte er mit seinen Arbeiten auch bei den neuen Institutionen des Gesetzes (Rechte der ausübenden Künstler, Kulturfonds) an die früheren Vorschriften bzw. an die früheren Gesetzesentwürfe anknüpfen. Durch diese aus eigener Tradition geschöpften Quellen erklären sich die Verschiedenheiten von den in übrigen volksdemokratischen Staaten durchgeführten Regelungen. Auch die Konzeption des Urheberrechtes, wie sie sich aus dem neuen Gesetz ergibt, ist aus diesem Boden organisch gewachsen. Wenn man das neue Gesetz richtig verstehen soll, ist es erforderlich, sich zunächst diese Konzeption klar zu machen. In der Theorie des Urheberrechtes wird es oft zwischen der angelsächsischen und lateinischen (französischen) Konzeption des Urheberrechts unterschieden. Philippe Pares stellt in seiner interessanten Studie über eine französische Konzeption des Urheberrechtes [2]) charakteristische Merkmale dieser zwei Konzeptionen auf. Es besteht kein Zweifel darüber, daß die Konzeption des Urheberrechtes, die sich durch die Entwicklung in den mitteleuropäischen Staaten gebildet hat, auf der französischen Konzeption aufgebaut wurde; die Verschiedenheit der sozialen und politischen Entwicklung führte jedoch zu einer Konzeption, die sich in gewisser Hinsicht von der französischen unterscheidet. Während die franzöische Konzeption ausschließlich von der Individualität des Urhebers ohne Rücksicht auf seine Beziehungen zu der Gesellschaft ausgeht, geht diese Konzeption ebenfalls von der Individualität des Urhebers aus, jedoch als eines Mitgliedes der Gesellschaft, in welcher der Urheber lebt und schafft. Diese Konzeption erkennt völlig die enge persönliche Verbindung des Urhebers mit seinem Werk, aus welcher die breite Sphäre der persönlichen Rechte des Urhebers (droit moral) resultiert, der Urheber wird jedoch in der Ausschließlichkeit seiner Rechte in dem Umfange eingeschränkt (durch gesetzliche Lizenzen oder andere Einschränkungen), in welchem dies im Interesse der Gesellschaft, insbesondere zur Sicherstellung der kulturellen Sendung des Werkes unbedingt erforderlich erscheint. Diese Konzeption hat schon in der früheren tschechoslowakischen Gesetzgebung, wie auch in einer Reihe anderer Staaten, insbesondere Deutschland und Österreich, ihren Ausdruck gefunden. Mit

---

[2]) Philippe Pares: „La conception francaise du droit d'auteur", Revue internationale du droit d'auteur II/1954, S. 3 ff.

gleichen Worten begründet auch der Referentenentwurf eines Urheberrechtsgesetzes der DBR (RefEntw.) die in ihm vorgeschlagenen Einschränkungen der Rechte des Urhebers: „Aus diesem Gesichtspunkt heraus geschieht dem Urheber kein Unrecht, wenn sein ausschließliches Recht in den Fällen abgeschwächt wird, in denen ein besonderes Interesse der Allgemeinheit daran besteht, daß sein Werk der Öffentlichkeit zugänglich gemacht wird."

Das neue tschechoslowakische Urheberrechtsgesetz bildet einen Bestandteil der neuen tschechoslowakischen Rechtsordnung. Gemäß § 1 des Bürgerlichen Gesetzbuches vom 25. Oktober 1950, Nr. 141 Slg., bilden die Grundlage der bürgerlichen Rechte die durch die Verfassung garantierte Gesellschaftsordnung der volksdemokratischen Republik und deren sozialistischer Aufbau. Im Rahmen dieser Gesellschaftsordnung sind die bürgerlichen Rechte gesetzlich geschützt (§ 2). Niemand darf jedoch die bürgerlichen Rechte zum Schaden der Gesellschaft mißbrauchen (§ 3). Für die Urheberrechte gilt daher vor allem das, was für alle bürgerlichen Rechte Geltung hat. Gemäß § 19 Abs. 2 der Verfassung vom 9. Mai 1948, Nr. 150 Slg., stehen Kulturgüter unter dem Schutze des Staates. Der Staat sorgt dafür, daß sie allen zugänglich werden und unterstützt die Wissenschaft und die Kunst im Interesse der Entfaltung der nationalen Kultur, des Fortschritts und des gemeinen Wohlstandes; insbesondere hat er dafür zu sorgen, daß den Schaffenden günstige Bedingungen für ihre Arbeit gesichert werden. Die Bedrohung des kulturellen Lebens der Werktätigen, insbesondere der Erfüllung der auf die Zugänglichkeit der Kulturgüter für die Werktätigen und auf die Hebung ihres kulturellen Niveaus gerichteten Aufgaben, bildet eine strafbare Handlung (§ 121 des Verwaltungsstrafgesetzes Nr. 88/1950 Slg.).

Gemäß der einleitenden Bestimmung des neuen Urheberrechtsgesetzes (§ 1) liegt der Zweck des Gesetzes in einer solchen Regelung der urheberrechtlichen Beziehungen, durch welche nicht nur der Schutz der Interessen der Urheber und die Anregung ihrer Schöpfung, sondern gleichzeitig auch die größte Verbreitung ihrer Werke im Interesse der Hebung des kulturellen Niveaus der Bevölkerung und somit des Aufbaues des Sozialismus gesichert werden. Das Interesse der ganzen Gesellschaft an der Verbreitung von kulturellen Werken ist so wichtig, daß die Rechte des Urhebers dort eingeschränkt werden, wo die Verbreitung sonst nicht genügend gesichert werden könnte[3]). Aus dieser leitenden Richtlinie des Gesetzes geht hervor, daß die Einschränkungen und gesetzliche Lizenzen, die schon dem aufgehobenen Gesetz Nr. 218/1926 Slg. bekannt waren, durch das neue Gesetz noch wesent-

[3]) Derselbe Standpunkt wird auch in der Theorie des sowjetischen Urheberrechts vertreten. Vergl. Genkin und weitere Mitarbeiter: „Sovietskoe grazdanskoe pravo", II. Teil, Moskva 1950.

lich erweitert wurden. Jedoch war es die Aufgabe des Gesetzgebers wie bereits in dem Allgemeinen Teil des Motivenberichtes ausdrück lich betont wurde, diese Einschränkungen auf eine Art und in einem Ausmaß durchzuführen, „die mit den Interessen der Urheber vereinbar sind". In diesem Zusammenhang wird es nicht unzweckmäßig sein, eine Stelle des Motivenberichtes wörtlich zu zitieren (zu §§ 16—22):

„Das Urheberrechtsgesetz eines volksdemokratischen Staates muß das Interesse der Gesellschaft und des Urhebers besonders sorgfältig abwägen, beide Interessen auswägen und in Einklang bringen. . . . Der Entwurf der Bestimmungen über die Benützung des Werkes des Urhebers ist das Ergebnis dieser Erwägungen. Es wurde insbesondere auch in Erwägung gezogen, daß auch der genialste Urheber für die Früchte seiner Tätigkeit nicht nur seiner Person, sondern zu einem großen Teil der Gesamtwirkung der von anderen angehäuften Erfahrungen, Kenntnissen und Erkenntnissen zu verdanken hat. Wenn es nun dem Urheber ermöglicht wird, auf den von anderen, insbesondere von seinen Vorgängern, gelegten Grundlagen zu schöpfen und zu bauen, ist auch er verpflichtet, anderen zu gönnen, daß sie im Interesse des weiteren Aufbaues und der Verbreitung der nationalen Kultur dieselben Möglichkeiten genießen, aus welchen er bei der Schöpfung seines Werkes die Vorteile gezogen hat."

Da die mit den Interessen der Urheber unvereinbaren Einschränkungen einen gefährlichen Durchbruch der allgemein anerkannten Grundsätze des Urheberrechtes bilden könnten, ist es gewiß erforderlich, sorgfältig zu prüfen, wie der tschechoslowakische Gesetzgeber in einzelnen Fällen seine Aufgabe erfüllt hat.

Soweit es um die internationale Tragweite des neuen Gesetzes geht, ist es zunächst zu erwähnen, daß die ČSR an der Berner Übereinkunft in der Fassung der Rombeschlüsse (1928) beteiligt ist. Obwohl sie durch ihre Vertreter auch an der Brüsseler Revisionskonferenz teilgenommen hat, ist sie der dort beschlossenen Fassung nicht beigetreten. Ebenfalls nimmt sie nicht teil an der Allgemeinen Genfer Konvention von 1952.

Vom Standpunkt des internationalen Privatrechtes legt das Gesetz den Schutz verschiedentlich für die Urheberrechte (I. und II. Teil) und für die dem Urheberrecht verwandten Rechte (VI. Teil) fest. Für den Schutz der Urheberrechte gilt gemäß § 61 im Einklang mit der früheren Regelung auch weiterhin:

1. der Grundsatz der Staatsbürgerschaft — soweit es um die Werke tschechoslowakischer Staatsbürger geht. Diese Werke sind ohne Rücksicht darauf geschützt, ob und wo sie veröffentlicht wurden (§ 61 Abs. 1);

2. Der Grundsatz der Territorialität — soweit es um Werke geht, die zum erstenmal in der ČSR herausgegeben wurden. Diese Werke sind auch dann geschützt, wenn der Urheber fremder Staatsbürger ist und dies ohne Rücksicht darauf, ob die Reziprozität gegeben ist bzw. ob oder in welchem Umfang ein internationaler Vertrag gilt (§ 61 Abs. 2);
3. Der Grundsatz des Schutzes nach den internationalen Verträgen bzw. auf Grund der Reziprozität — soweit es um Werke fremder Staatsbürger geht, die im Ausland veröffentlicht oder dort in irgendeiner Form zum Ausdruck gebracht wurden (§ 61 Abs. 3).

Eine besondere Bestimmung in dieser Richtung enthält § 22, wonach die dort enthaltene Einschränkung des Rechtes des Urhebers (die Möglichkeit, seine Einwilligung durch einen behördlichen Spruch zu ersetzen) für einen Urheber fremder Staatsbürgerschaft nicht Geltung hat. Damit wird für die Urheber fremder Staatsbürgerschaft eine bessere Position geschaffen, als für die tschechoslowakischen Urheber.

Der Schutz der dem Urheberrecht verwandten Rechte erstreckt sich grundsätzlich nur auf die tschechoslowakischen Staatsbürger. Für fremde Staatsbürger bzw. für die Unternehmen, die ihren Sitz im Ausland haben, gilt der Grundsatz des Schutzes nach den internationalen Verträgen bzw. auf Grund der Reziprozität (§§ 91, 94).

B. Im Besonderen

Das Gesetz ist in acht Teile gegliedert und umfaßt 113 Paragraphen.

Die einzelnen Teile behandeln: Den Urheber und sein Werk (I., §§ 2—13), das Urheberrecht (II., §§ 14—69), die Urheberorganisationen (III., §§ 70—72), die Kulturfonds (IV., §§ 73—80), die Benützung von freien Werken (V., §§ 81—82), die dem Urheberrecht verwandten Rechte (VI., §§ 83—96), den Übergang des Werkes und seinen Schutz (VII., §§ 97—99) und die Übergangs- und Schlußbestimmungen (VIII., §§ 100—113).

Im zweiten Teil über das Urheberrecht regelt das Gesetz auch einzelne Typen von Verträgen über die Verbreitung von Werken.

Das neue UrhG enthält nicht sämtliche Bestimmungen, die das Urheberrecht betreffen, bzw. für dieses von Bedeutung sind. Einzelne Bestimmungen, insbesondere über die Berechnung von Fristen und über die Verjährung, sind in dem Bürgerlichen Gesetzbuch (Gesetz Nr. 141/1950 Slg.) zu suchen, welches sonst auch subsidiär auf die durch das UrhG geregelten rechtlichen Beziehungen, insbesondere aus Verträgen über die Verbreitung von Werken, anzuwenden ist (§ 105). Andere wichtige Bestimmungen, insbesondere über die vorläufige Vollstreckbarkeit der Urteile über Ansprüche von Urhebern und ausübenden Künstlern auf Honorare und Ersatzforderungen, enthält die Zivilprozeßordnung (Gesetz Nr. 142/1950 Slg.); die strafrechtlichen Bestimmungen betreffend die Verletzung der Urheberrechte befinden sich in dem Strafgesetzbuch (Gesetz Nr. 86/1950 Slg.); die Befreiung von Urhebern von Gerichtsgebühren bei der Geltendmachung ihrer urheberrechtlichen Ansprüche legt das Gerichtsgebührengesetz (Gesetz Nr. 173/1950 Slg.) fest. Wir werden bei Behandlung einzelner Fragen auf die damit zusammenhängenden Bestimmungen anderer Gesetze, soweit dies erforderlich sein wird, aufmerksam machen.

Durch das UrhG Nr. 115/1953 Slg. wurden alle einschlägigen Bestimmungen sowie alle anderen diesem Gesetze widersprechenden Bestimmungen aufgehoben. Außer dem UrhG Nr. 218/1926 Slg. wurde ausdrücklich insbesondere auch das Gesetz Nr. 106/1923 Slg. über den Verlagsvertrag aufgehoben.

Aus systematischen Gründen erscheint es vorteilhaft, sich bei der Behandlung einzelner Bestimmungen des neuen tschechoslowakischen UrhG, sofern dies durch die Verschiedenheit der Materie nicht ausgeschlossen erscheint, an den im Referentenentwurf eines neuen Urheberrechtsgesetzes der DBR (RefEntw. DBR) aufgestellten Inhaltsplan zu halten, was gleichzeitig auch ermöglichen wird, die einzelnen Bestimmungen zu vergleichen.

I. Das Urheberrecht

1. Gegenstand des Schutzes — Das Werk

Gemäß § 2 sind Gegenstand des Urheberrechts alle Werke der Literatur, der Wissenschaft und der Kunst, unter der Bedingung, daß sie das Ergebnis einer schöpferischen Tätigkeit des Urhebers sind. Im zweiten Absatz dieser Bestimmung befindet sich eine beispielhafte Aufzählung einzelner geschützter Werke. In dieser Hinsicht ist darauf aufmerksam zu machen, daß das neue Gesetz, im wesentlichen Unterschied zum aufgehobenen Gesetz Nr. 218/1926 Slg., den Schutz einheitlich für alle Werke festlegt, so daß nunmehr die Grundbedingung des Schutzes, es handle sich um das Ergebnis einer schöpferischen Tätigkeit des Urhebers, gleichfalls auch für die photographischen Werke gilt.

Damit ein Werk geschützt wird, muß es jedoch in irgend einer Form zum Ausdruck gebracht werden (§ 14 Abs. 1).

Gegenstand des Schutzes bildet nicht nur das ganze Werk, sondern bilden auch dessen Teile (§ 14 Abs. 2).

Gemäß § 3 sind Gegenstand des Schutzes weder Rechtsvorschriften und Entscheidungen, noch öffentliche Urkunden und Amtsakten, oder die bei Verhandlung öffentlicher Angelegenheiten gehaltenen Reden;

zu einer Sammelausgabe solcher Reden ist jedoch die Zustimmung desjenigen, der sie gehalten hat, erforderlich. Diese Bestimmung gleicht der Bestimmung des § 6 des alten Gesetzes. Die Tatsache, daß das neue Gesetz die Einwilligung desjenigen erfordert, der die Reden gehalten hat — das alte Gesetz verlangte die Einwilligung des Urhebers —, bedeutet an sich keine wesentliche Änderung, es geht um die Aufstellung einer gesetzlichen Vermutung der Urheberschaft des Redners.

Gegenstand eines selbständigen Schutzes sind Bearbeitungen von Werken, sofern sie als Ergebnis einer schöpferischen Tätigkeit des Bearbeiters und daher als neue Werke anzusehen sind (§ 4). Als eine solche Bearbeitung wird auch die Übersetzung in eine fremde Sprache betrachtet (§ 5).

Sammelwerke, bei welchen die Zusammenstellung oder Auswahl Ergebnis einer schöpferischen Tätigkeit des Veranstalters ist, genießen einen selbständigen Schutz, abgesehen von dem Schutz der darin eingereihten Werke (§§ 6, 7). Als eine besondere Art der Sammelwerke wird auch das Filmwerk (§ 9) betrachtet. Mit Rücksicht auf die außergewöhnliche Bedeutung der Bestimmungen über das Urheberrecht am Filmwerk werden wir diese Vorschriften in einem selbständigen Abschnitt behandeln.

Die Begriffe der Veröffentlichung und der Herausgabe eines Werkes, die in verschiedenen Bestimmungen des Gesetzes von entscheidender Bedeutung sind, werden in §§ 12 und 13 festgelegt. Als veröffentlicht wird ein Werk an dem Tage betrachtet, an welchem es zum ersten Mal berechtigterweise öffentlich vorgetragen, aufgeführt, vorgeführt, ausgestellt oder auf eine andere Weise an die Öffentlichkeit gebracht oder herausgegeben wurde (§ 13). Es ist daher derselbe Begriff, welchen in einer einfacheren Form § 4 Abs. 1 des RefEntw. DBR enthält. Es ist jedoch zu bemerken, daß sich dieser Begriff von der Festlegung des Begriffs der Veröffentlichung im Art. 4 Abs. 4 RBÜ Romfassung unterscheidet. Als Herausgabe eines Werkes wird der mit Einwilligung des Berechtigten erfolgte Beginn des öffentlichen Vertriebes der Vervielfältigungen des Werkes betrachtet. Im Unterschied zu dem § 4 Abs. 2 des RefEntw. DBR hat es das Gesetz nicht für notwendig gehalten, eine nähere Bestimmung über die erforderliche Anzahl der Vervielfältigungen festzulegen.

2. Subjekt des Schutzes — Der Urheber

Urheber ist derjenige, aus dessen schöpferischer Tätigkeit das Werk entstanden ist (§ 2). Bei der Bearbeitung, sofern diese gemäß § 4 als selbständiges Werk geschützt wird, ist derjenige der Urheber, aus dessen Tätigkeit die Eigenart der Bearbeitung hervorgegangen ist (§ 4 Abs. 2).

Wurde ein Werk von mehreren Personen so geschaffen, daß die Ergebnisse ihres Schaffens, auch soweit sie unterschieden werden können, ein unteilbares Ganzes bilden, so steht das Urheberrecht allen Miturhebern gemeinsam und ungeteilt zu; jeder von ihnen ist jedoch berechtigt, Eingriffe in das gemeinsame Urheberrecht selbständig zu verfolgen (§ 10). Da das Gesetz im Unterschied von dem Ref-Entw. DBR (§ 6 Abs. 3) über das Verhältnis der Anteile der einzelnen Urheber nichts Näheres bestimmt, wird — mangels anderweitiger Vereinbarung — vermutet, daß die Anteile gleich sind (§ 133, Abs. 1 BG). Über das gemeinsam geschaffene Werk können alle Miturheber nur gemeinsam verfügen. Kommt es diesbezüglich zu keiner Einigung, so wird das Gericht entscheiden. Hierfür findet die Bestimmung des § 135 BG sinngemäße Anwendung, wobei das Gericht selbstverständlich auch die persönlichen Interessen der Miturheber zu berücksichtigen hat. Stirbt ein Miturheber ohne Erben, so wächst sein Anteil den übrigen Miturhebern zu (§ 25 Abs. 2).

Bei anonymen und pseudonymen Werken können die dem Urheber zustehenden Rechte — solange sich dieser öffentlich nicht erklärt hat oder solange sein wahrer Name nicht allgemein bekannt ist — von demjenigen geltend gemacht werden, der das Werk zum ersten Mal berechtigterweise an die Öffentlichkeit gebracht oder herausgegeben hat und, solange dies der Urheber nicht tut, seitens der Urheberschutzorganisation geltend gemacht werden (§ 11).

Bei verbundenen Werken (§ 8) bleiben die Urheberrechte an einzelnen derart verbundenen Werken unberührt. Für den Fall der Verbindung eines Werkes der Tonkunst mit einem literarischen Werk, z. B. Oper, Operette, Melodrama, regelt das Gesetz die gegenseitigen Rechte der Urheber so, daß zu der Aufführung einer solchen Werkverbindung die Einwilligung des Urhebers des musikalischen Teiles allein genügt (§ 8 Abs. 2).

Bei Sammelwerken (§§ 6, 7) — sofern sie Gegenstand eines selbständigen Schutzes sind, vergleiche die Ausführungen oben zu 1 — wird zwischen zwei verschiedenen Urheberrechten unterschieden: das Urheberrecht am Sammelwerk als Ganzem, welches dem Veranstalter zusteht, und die davon nicht berührten Urheberrechte an den einzelnen in das Sammelwerk eingereihten Werken. Das Urheberrecht des Veranstalters hindert nicht die Urheber solcher Werke, diese auch auf eine andere Art zu verbreiten, falls mit dem Veranstalter nichts Abweichendes vereinbart wurde (§ 6 Abs. 2).

Eine Ausnahme von dem Grundsatz, daß die Urheberrechte an dem Sammelwerk als Ganzem dem Veranstalter zustehen, hat der Gesetzgeber im § 7 Abs. 1 zugunsten von Behörden, Organen, Institutionen oder Organisationen bei den von ihnen herausgegebenen Sammelbüchern und Zeitschriften geschaffen, indem er in diesem Falle die Befugnisse aus dem Urheberrecht (§ 15) an dem Sammelwerk als Ganzem diesen Herausgebern zuerkannt hat; aber auch dann bleiben die Urheberrechte an den einzelnen in solche Publikationen eingereihten Werken unberührt, wie im oben angeführten Falle. Der Gesetzgeber war sich dessen bewußt, daß diese Herausgeber als juristische Personen nicht für Urheber erklärt werden können, was im Motivenbericht auch ausdrücklich erwähnt wird. Der eigentliche Urheber kann nur die physische Person sein, aus deren schöpferischer Tätigkeit das Sammelwerk zustande gekommen ist. Diesen Herausgebern werden von dem Gesetz nur abgeleitete Rechte zuerkannt, die sonst im Urheberrecht einbegriffen sind. Da jedoch das Gesetz diesen Herausgebern sämtliche im § 15 aufgezählten Rechte zuerkannt, worunter sich auch persönliche Urheberrechte befinden (§§ 62, 63), wurde bei dieser Lösung der wirkliche Urheber vollkommen übergegangen.

Die Urheberschaft an Filmwerken wird, wie schon angemerkt wurde, noch gesondert behandelt werden.

3. Inhalt des Urheberrechtes

Gemäß § 15 bilden den Inhalt des Urheberrechtes:

a) das Recht auf den Schutz persönlicher Rechte des Urhebers (= Urheberpersönlichkeitsrecht = droit moral);

b) das Recht, über das Werk zu verfügen, und das Recht auf die Urheberhonorare (= Vermögensrechte des Urhebers = droits patrimoniaux).

Die Frage, ob ein bestimmtes Urheberrecht persönlichen oder vermögensrechtlichen Charakters ist, spielt eine entscheidende Rolle hinsichtlich der Übertragbarkeit der Urheberrechte und der Art und der Dauer des Schutzes (§§ 25—69). Im Sinne des Gesetzes bilden die persönlichen Urheberrechte eine wesentliche Komponente der Urheberrechte und überwiegen sogar die Vermögensrechte der Urheber.

a) Die persönlichen Urheberrechte:

Die Aufzählung der einzelnen persönlichen Urheberrechte in den §§ 15 und 62 ist nur beispielhaft. Aus dem Gesetz geht jedoch hervor, daß das Gesetz den Urheber in allen seinen geistigen und persönlichen Beziehungen zu dem Werke schützt, wie das § 9 RefEntw. DBR zum Ausdruck bringt. Unter diese Rechte gehören insbesondere:

(1) das Recht auf die Urheberschaft (§ 62 a, b, c),

(2) das Recht, das Werk zur Veröffentlichung zu bestimmen (§ 62 d),

(3) das Recht auf die Unversehrtheit (Integrität) des Werkes (§ 62 e, f), worunter nicht nur die Berechtigung des Urhebers fällt, sich einer

Verstümmelung des Werkes zu widersetzen, sondern auch sein ausschließliches Recht, an seinem Werke Änderungen vorzunehmen.

Diese persönlichen Rechte sind unantastbar und unübertragbar. Daraus ergibt sich auch, daß in der Sphäre dieser persönlichen Rechte keine gesetzlichen Lizenzen gewährt oder Einschränkungen festgelegt werden können. Eine einzige Ausnahme bildet hier die Bestimmung des § 45, wonach sich der Urheber bei theatermäßiger Aufführung des Werkes den Abänderungen (Modifikationen), die zur Aufführung des Werkes erforderlich sind, und zu welchen die Zustimmung „nicht gut abgelehnt werden kann", nicht widersetzen darf. Eine ähnliche Bestimmung, jedoch allgemeinen Charakters, nicht nur für die Fälle einer theatermäßigen Aufführung des Werkes, hatte schon § 16 Abs. 2 des aufgehobenen Gesetzes enthalten. Eine ähnliche, gleichfalls allgemeine Bestimmung enthält auch § 31 Abs. 2 RefEntw. DBR. Diese Bestimmung wird damit begründet, daß sie sich aus der Erfahrung auf dem Gebiete der theatermäßigen Aufführung von Werken als notwendig erweist. Wie der Motivenbericht zu § 45 ausdrücklich betont, sind unter den gemäß § 45 zugelassenen Modifikationen nur solche überwiegend technischer Art zu verstehen. Änderungen im Tert des Werkes sind jedoch nur mit Einwilligung des Urhebers zulässig. Diese Einschränkung ist daher nach dem Willen des Gesetzgebers streng restriktiv auszulegen. Ohne Zweifel erscheint es interessant, daß hier der Gesetzgeber im Gegensatz zu der bisher geltenden Regelung diese Ausnahme nur auf Fälle von theatermäßigen Aufführungen des Werkes — und mit Rücksicht auf die Bestimmung des § 55 auch auf Verträge über die sog. kleinen Rechte — beschränkt hat, was gewiß einen Beweis seiner Bestrebungen bildet, die Integrität der Sphäre der persönlichen Urheberrechte bis aufs äußerste zu wahren. Es ist jedoch zu erwägen, ob diese Einschränkung der genannten Ausnahmebestimmung, wie gut sie auch gemeint sein mag, zweckmäßig erscheint. Es kann nicht zweifelhaft sein, daß dieselben Schwierigkeiten, wie sie bei einer theatermäßigen Aufführung des Werkes bestehen, auch bei anderen Verträgen über eine Verbreitung des Werkes, insbesondere bei der Verfilmung und bei der Sendung eines Werkes durch Rundfunk und Fernsehen, in Betracht kommen.

Aus der Unübertragbarkeit der persönlichen Rechte geht hervor, daß diese Rechte auch nicht vererbt werden können. Doch erlöschen sie nicht mit dem Tode des Urhebers, sondern dauern weiter, auch wenn die Schutzfrist für die Vermögensrechte des Urhebers bereits abgelaufen ist: ihre Schutzdauer ist unbegrenzt. Nach dem Tode des Urhebers sind zur Geltendmachung dieser Rechte sein Ehegatte und seine Kinder und, mangels solcher, seine Eltern berechtigt (§ 63 Abs. 3). Dieses

Recht ist ein originäres Recht, welches von dem Recht des Urhebers nicht abgeleitet ist. Da also dieses Recht von der Erbschaft vollkommen unabhängig ist, steht es diesen Verwandten auch dann zu, wenn sie keine Erben des Urhebers sind. Zur Geltendmachung dieser persönlichen Rechte sind zu jeder Zeit, auch neben dem Urheber bzw. dessen Angehörigen, die Urheberverbände und die Urheberschutzorganisationen legitimiert. Da diesen Verbänden und Organisationen eine solche Legitimation neben dem Urheber und unabhängig von ihm zusteht, könnte es bei Geltendmachung dieser Rechte zu Kollisionen kommen; für diese Fälle sieht das Gesetz keine Regelung voraus.

Einen zeitlich unbeschränkten Schutz der persönlichen Urheberrechte hatte schon das aufgehobene tschechoslowakische Gesetz Nr. 218/1926 Slg. (§ 16 Abs. 3) eingeführt, allerdings nur für jene Werke, die für die Kunst, die Bildung oder die Erbauung der Bevölkerung eine allgemeine Bedeutung haben. Das neue Gesetz hat diesen zeitlich unbeschränkten Schutz auf alle Werke erstreckt, wobei es für die Urheberschutzorganisationen und für den Fall des Ablebens des Urhebers auch für seine nahen Angehörigen ein originäres, vom Erbgang vollkommen unabhängiges Recht geschaffen hat. Eine ähnliche Bestimmung betreffend die Schaffung eines originären Rechtes der nahen Angehörigen enthält Art. 53, § 2 des polnischen Urheberrechtsgesetzes, dessen Bestimmung jedoch nur dann Anwendung findet, „wenn der Urheber nicht anders verfügt hat". Dasselbe gilt sinngemäß auch für die Rechte der ausübenden Künstler. Durch diese Bestimmungen hat der Begriff der persönlichen Rechte des Urhebers als absoluter Rechte einen viel breiteren Inhalt und Sinn erhalten. Es geht hier nicht mehr nur um persönliche Rechte des Urhebers selbst, sondern um den Aufbau eines systematischen Schutzes der immateriellen Rechte am Werk, welche, obwohl von der Person des Urhebers ausgehend, nicht auf seine Person bzw. die seiner Erben beschränkt sind, sondern als immanente Rechte den ganzen Lebenslauf des Werkes verfolgen.

b) Vermögensrechte des Urhebers

Das Recht, über das Werk zu verfügen, und das Recht, für die Benützung des Werkes Honorare zu beheben, steht dem Urheber zu (§ 15 b, c). Daraus ergibt sich, daß ein fremdes Werk grundsätzlich nur mit Einwilligung des Urhebers benützt werden darf. Obwohl die Stilisierung des § 16, wo an erster Stelle die durch das Gesetz erteilte Berechtigung erwähnt wird, zu einer anderen Ansicht verleiten könnte, geht auch das neue Gesetz von diesem Grundsatz aus.

In den §§ 17 bis 20 werden einzelne Fälle aufgezählt, in welchen die Benützung eines fremden Werkes keiner Einwilligung des Urhebers bedarf. Einige dieser Fälle haben den Charakter von gesetzlichen

Lizenzen, in den übrigen handelt es sich um einfache Einschränkungen des Urheberrechtes. In allen diesen Ausnahmefällen muß es sich um bereits veröffentlichte Werke handeln. Die im § 17 Abs. 1 aufgezählten Fälle waren bis auf die Bestimmung, daß es erlaubt ist, in einem Katalog einer öffentlichen Sammlung oder Ausstellung ein in diese Sammlung oder Ausstellung eingereihtes Werk der bildenden Künste abzudrucken (§ 17 Abs. 1, lit. ch), bereits im aufgehobenen Gesetz Nr. 218/1926 Slg. enthalten. Neu sind die gesetzlichen Lizenzen gemäß §§ 19, 20 gewährt worden, auch die Rechte der Rundfunk- und Fernsehunternehmen sind neu formuliert und im Unterschied zu der Bestimmung des § 16 a) des alten Gesetzes in eine reine gesetzliche Lizenz umgewandelt worden.

Gemäß § 19 des Gesetzes kann eine wissenschaftliche Institution ein Werk, welches der Urheber in dieser Institution oder auf deren Arbeitsplatz bei Erfüllung seiner sich aus dem Arbeitsverhältnis ergebenden Verpflichtung geschaffen hat, ohne Einwilligung des Urhebers benützen:

a) unentgeltlich und zeitlich unbeschränkt — als Material zur Erfüllung der ihr auferlegten Aufgaben und kann zu diesem Zwecke das Werk in dem Umfange des eigenen, unvermeidlichen Bedarfes vervielfältigen, wenn die Vervielfältigungen unentgeltlich verteilt werden;

b) gegen die Bezahlung des Urheberhonorars und zeitlich beschränkt auf 2 Jahre, gerechnet von dem Tage, an welchem ihr das Werk übergeben wurde — zur Herausgabe, innerhalb welcher Frist der Urheber sein Recht zur Herausgabe des Werkes nur mit Zustimmung der Institution einem Dritten zu übertragen berechtigt ist.

Die im § 19 erwähnte wissenschaftliche Institution kann ferner verlangen, daß bei der Herausgabe des Werkes, wann immer auch diese geschieht, ihr Name angegeben wird.

Gemäß § 20 können Behörden, Organe, Institutionen, Organisationen und Unternehmen ein Werk, welches der Urheber auf deren Arbeitsplatz bei Erfüllung seiner sich aus dem Arbeitsverhältnis ergebenden Verpflichtung geschaffen hat, ohne Einwilligung des Urhebers zur Erfüllung eigener Aufgaben benützen, wobei jedoch der Anspruch auf Urheberhonorar unberührt bleibt. Mit dieser Bestimmung wäre eine ähnliche Bestimmung des § 35 Nr. 2 RefEntw. DBR zu vergleichen.

Rundfunk- und Fernsehunternehmen wird eine gesetzliche Lizenz in folgendem Umfange gewährt:

a) unentgeltlich — zur Sendung eines Werkes im Rahmen einer Reportage, wenn das Werk bei der Begebenheit, die Gegenstand der Reportage ist, vorgeführt wurde; dieses Recht gilt auch für Filmunternehmen (§ 17 Abs. 2);

b) gegen Bezahlung des Honorars für jede Sendung — zur Sendung der bereits veröffentlichten Werke (§ 18).

Eine Bedrohung des Grundsatzes, daß ein fremdes Werk nur mit Einwilligung des Urhebers benützt werden darf, könnte zweifellos die Bestimmung des § 22 bilden. Gemäß dieser Bestimmung kann die Einwilligung des Urhebers „falls es nicht gut möglich ist, diese zu verschaffen" oder, wenn der Urheber diese „ohne schwerwiegende Gründe verweigert", durch einen Spruch des Ministeriums für Kultur ersetzt werden. Diese Bestimmung bezieht sich wohl nur auf bereits veröffentlichte Werke; sie findet ferner nur auf Urheber tschechoslowakischer Staatsbürgerschaft Anwendung. Der Anspruch des Urhebers auf Urheberhonorare wird durch diese Bestimmung nicht berührt. Mit Rücksicht auf den schwerwiegenden Charakter dieser Bestimmung erscheint es zweckmäßig, die sich darauf beziehende Stelle des Motivenberichtes wörtlich zu zitieren:

„Durch diese Bestimmung wird an Fälle gedacht, in welchen der Mangel einer Einwilligung des Urhebers die Befriedigung des allgemeinen Interesses an der Herausgabe, der Vorführung, der Ausstellung oder an einer anderen Veröffentlichung des Werkes vereiteln könnte. Die erforderliche Einwilligung wird insbesondere dann nicht gut verschafft werden können, falls der wahre Erbe des Urhebers nicht bekannt sein wird. Hat der Urheber für die Ablehnung seiner Einwilligung zur Benützung des Werkes einen schwerwiegenden Grund, z. B. wenn durch die Aufführung seines unreifen in seiner Jugend entstandenen Werkes sein künstlerischer Ruf leiden könnte, so darf jedoch seine Einwilligung durch behördliche Einwilligung nicht ersetzt werden."

Man ersieht schon aus dem Inhalt des Motivenberichtes, daß sich der Gesetzgeber der Gefahren dieser Ausnahmebestimmung bewußt war. Die Formulierung der Bedingung für die Ausübung der im § 22 festgelegten Befugnis des Ministeriums für Kultur ist in rechtsbegrifflicher Hinsicht ungewohnt. Da es sich hier um eine Ausnahmebestimmung handelt, muß sie strengstens restriktiv ausgelegt werden. Durch die Worte „wenn es nicht gut möglich ist" ist daher nicht jede Umständlichkeit der Verschaffung der Einwilligung des Urhebers, sondern nur eine relative Unmöglichkeit zu verstehen. Der Gesetzgeber selbst hat eine restriktive Auslegung dieser Bestimmung auferlegt. Es ist auch zu erwähnen, daß diese Bestimmung in der Praxis des Ministeriums für Kultur bisher nicht in einem einzigen Falle angewendet wurde. Es ist zu erwägen, ob es mit Rücksicht auf die gewährten gesetzlichen Lizenzen zur Wahrung des öffentlichen Interesses erforderlich war, diese Ausnahmebestimmung einzuführen. Die im Motivenbericht angeführten Beispiele scheinen nicht die Einführung einer solchen Bestimmung genügend zu rechtfertigen. Wenn z. B. der Urheber oder sein Erbe nicht bekannt ist, kann ein Kurator bestellt werden, der in ihren Namen die Einwilligung geben kann. Die zu elastische Formulierung der Bestimmung könnte unter Umständen den Grundsatz, daß ein fremdes Werk nur mit Einwilligung des Urhebers benützt werden darf, ernst bedrohen, was dem ganzen Charakter des Gesetzes widersprechen würde und dem Gesetzgeber zweifellos fern lag. Nicht zuletzt spricht gegen die Zweckmäßigkeit einer solchen Bestimmung auch die Tatsache, daß sich die Bestimmung auf Urheber fremder Staatsbürgschaft nicht beziehen kann, so daß sich dadurch die einheimischen Urheber unbegründeterweise gegenüber fremden Staatsbürgern in einer viel ungünstigeren Stellung befinden, was gewiß paradox ist und eine unbillige Härte darstellt.

Urheberhonorare und die Ersatzforderungen für das dem Urheber entgangene Honorar können durch eine auf Grund der Richtlinien der Regierung zu erlassende Kundmachung des Ministeriums für Kultur geregelt werden. In einem solchen Falle kann das Honorar oder der Ersatz nur im Rahmen dieser Regelung festgelegt werden (§§ 23, 24). Durch diese Bestimmung ist nur vorgesehen, daß die Urheberhonorare von dem Ministerium für Kultur geregelt werden könnten. Die Grundsätze für eine solche Regelung sind im Motivenbericht bereits aufgestellt worden. Das Motivenbericht betont, daß das Urheberhonorar nicht von der Dauer und der Stufe der tatsächlich aufgewandten Anstrengung, wie es bei dem Lohn der Fall ist, sondern von dem Wert des Werkes für den Verbreiter und für die Gesellschaft abhängt. Vor einer Regelung wären die Urheberverbände und die Urheberschutzorganisationen zu hören. In der Praxis jedoch werden die Urheberhonorare in der Tschechoslowakei durch Kollektivverträge und die in ihrem Rahmen zustande kommenden Einzelverträge über die Verbreitung von Werken bestimmt. Tatsächlich wurden durch die Kundmachung des Ministeriums für Kultur vom 3. September 1954 Nr. 196 (Amtsblatt 114/1954) lediglich Tarife der Aufführungshonorare für öffentliche nichttheatermäßige Aufführungen von Werken der Tonkunst festgelegt.

c) Übergang von Vermögensrechten der Urheber

Im Gegensatz zu den persönlichen Urheberrechten sind die Vermögensrechte der Urheber grundsätzlich übertragbar, sowohl mortis causa als auch inter vivos (§§ 25—56).

Im Todesfalle gehen Vermögensrechte des Urhebers auf die Erben über. Gibt es keine testamentarische oder gesetzliche Erben, so fallen die Vermögensrechte des Urhebers als ein erbloses Gut dem Staate zu (§ 513 BG). Eine Ausnahme bestimmt § 25 Abs. 2 für den Fall des Ablebens eines Miturhebers; gibt es in diesem Falle keine Erben, so wächst sein Anteil den übrigen Miturhebern zu (§ 25 Abs. 2).

Im Vertragswege kann der Urheber sowohl die Gesamtheit seiner Vermögensrechte, als auch einzelne von ihnen übertragen, insbesondere kann er einzelne Vermögensrechte durch die Verträge über die Verbreitung von Werken gegen Honorar zedieren. Eine Einschränkung dieser Bestimmung besteht nur darin, daß er diese Rechte nur auf Institutionen, Organisationen, Unternehmen und Einrichtungen übertragen kann, die berechtigt sind, die Werke an die Öffentlichkeit zu bringen. Eine Ausnahme gilt nur bei der Vereinbarung über die Verteilung der Erbschaft; § 26 Abs. 1. Eine Übertragung dieser Rechte auf andere Personen wäre ungültig im Sinne des § 36 Abs. 1 BG. Erlischt eine juristische Person, auf welche eines der Vermögensrechte des Urhebers übertragen wurde, vor Ablauf der Schutzdauer ohne Rechtsnachfolger, so fällt das übertragene Recht wieder an den Urheber bzw. seine Erben zurück (§§ 27, 108 Abs. 1). Für die vor dem 1. Januar 1954 bereits abgeschlossenen Verträge ist auf die Übergangsbestimmung des § 102 zu verweisen (vgl. hierzu die Ausführungen am Ende dieses Abschnitts).

Was die Übertragung von Vermögensrechten der Urheber betrifft, so bestimmt § 26 Abs. 2, daß eine solche Übertragung durch Vermittlung einer Urheberschutzorganisation zustande kommt. Es ist zu bemerken, daß die Formulierung des § 26 Abs. 2 von der des § 26 Abs. 1 abweicht. Während § 26 Abs. 1 festlegt, daß der Urheber seine Vermögensrechte „n u r" auf Institutionen . . . ü b e r t r a g e n k a n n, woraus sich ergibt, daß andere Übertragungen gesetzlich verboten und deshalb ungültig sind, führt § 26 Abs. 2 lediglich aus, daß der Urheber diese Rechte ins Ausland „durch Vermittlung einer Urheberschutzorganisation ü b e r t r ä g t". In diesem Zusammenhang ist auch zu berücksichtigen, daß dieser Wirkungskreis den Urheberschutzorganisationen als eine Berechtigung gewährt und nicht als eine Verpflichtung auferlegt wurde, was der Motivenbericht zu § 26 Abs. 2 ausdrücklich feststellt, so daß es — wenigstens theoretisch — auch zur Ablehnung der Vermittlung seitens der Urheberschutzorganisation kommen könnte, wodurch das Recht des Urhebers, seine Urheberrechte im Ausland auszuwerten, vollkommen gelähmt wäre, wenn ihm für diesen Fall das Recht, den Vertrag auch ohne Vermittlung der Organisation abzuschließen, nicht zuerkannt wäre. Doch steht auch hier der Motivenbericht auf dem Standpunkt, daß auch eine ohne Vermittlung der Urheberschutzorganisation getätigte Übertragung der Urheberrechte ins Ausland ungültig ist (Motivenbericht zu §§ 97—99). Zweckmäßigkeit, Wirksamkeit und Durchführbarkeit dieser Regelung in der ihr von dem Motivenbericht gegebenen Auslegung lassen Bedenken aufkommen.

d) Verträge über die Verbreitung von Werken

In den §§ 28 bis 33 enthält das Gesetz allgemeine Bestimmungen für sämtliche Verträge über die Verbreitung von Werken, die sowohl die Form, als auch den Inhalt betreffen.

Das Gesetz hat Schriftform vorgeschrieben (§ 28). Nichteinhaltung hätte die Ungültigkeit des Vertrages zur Folge (§ 38 BG). Eine Ausnahme gilt gemäß § 56 Abs. 2 für die Verträge über eine einzelne nichttheatermäßige Aufführung eines Werkes der Tonkunst, über einen einzelnen Vortrag eines literarischen Werkes oder über eine einzelne Ausstellung eines Werkes der bildenden Künste oder eines photographischen Werkes; solche Verträge bedürfen keiner Schriftform.

Der Vertrag hat folgende Bestimmungen zu enthalten (§ 28):

1. über die Art und den Umfang der Verbreitung;
2. über die Zeit, in welcher mit der Verbreitung begonnen wird;
3. über die Urheberhonorare;
4. über die Teilnahme des Urhebers an der Verbreitung;
5. über die Dauer, auf welche der Vertrag abgeschlossen wird (diese kann durch Angabe der Anzahl der Ausgaben des Werkes oder seiner anderweitigen Verbreitung ersetzt werden).

Die Grundverpflichtung des Urhebers besteht darin, daß er das Werk dem Verbreiter rechtzeitig und in einer solchen Form zu übergeben hat, daß das Werk ohne Schwierigkeiten verbreitet werden kann. Das Entgelt für das von dem Urheber dem Verbreiter gegebenenfalls zu überlassende Material ist in dem Urheberhonorar nicht eingeschlossen (§ 30).

Gegenstand eines Vertrages über die Verbreitung des Werkes kann auch ein erst *künftig geschaffenes Werk* des Urhebers bilden (§ 29).

Eine *Weiterübertragung* der durch einen Vertrag über die Verbreitung eines Werkes erworbenen Rechte seitens des Verbreiters bedarf zu ihrer Gültigkeit der Einwilligung des Urhebers (§ 33).

Der Inhalt der Verträge über die Verbreitung von Werken kann gemäß § 31 Abs. 1 durch Kundmachungen des Ministeriums für Kultur geregelt werden. (Bis jetzt sind keine solche Bekanntmachungen erlassen worden.) Auch hier wird nur die Möglichkeit einer solchen Regelung festgelegt, in der Regel wird der Inhalt dieser Verträge durch Kollektivverträge geregelt.

Die Bestimmungen des Gesetzes und einer gegebenenfalls auf Grund des § 31 Abs. 1 zu erlassenden Kundmachung *über die Berechtigungen des Urhebers* bilden *ius cogens*. Sie können durch Abmachungen der Parteien weder ausgeschlossen, noch gekürzt werden (§ 31 Abs. 2). Ebensowenig darf ein Einzelvertrag von einem vom Ministerium für Kultur genehmigten Kollektivvertrag abweichen. Die Bestimmungen des Kollektivvertrages bilden zwingend den Inhalt des Einzelvertrages (§ 32).

In den §§ 34 bis 56 werden besondere Bestimmungen für einzelne Typen von Verträgen über die Verbreitung von Werken festgelegt: Verlagsvertrag (§§ 35 bis 40), Vertrag über eine theatermäßige Aufführung eines Werkes (§§ 41 bis 45), Szenarvertrag (= Verfilmungsvertrag) und Vertrag über die Vorführung eines Filmwerkes (§§ 46 bis 49), Vertrag über die Sendung eines Werkes durch Rundfunk oder Fernsehen (§§ 50 bis 52), Vertrag über die Übertragung eines Werkes auf einen Tonträger oder auf ähnliche Vorrichtungen (§§ 53, 54) und Verträge über die sog. kleinen Rechte (§§ 55, 56). Die Aufzählung des § 34 ist beispielhaft; es können auch andere Verträge abgeschlossen werden.

1. Verlagsvertrag

Durch den Verlagsvertrag überträgt der Urheber auf den Verleger das Recht, das Werk herauszugeben, und der Verleger übernimmt die Verpflichtung, das Werk auf eigene Rechnung herauszugeben, Maßnahmen zu seiner Verbreitung zu treffen und dem Urheber das Honorar auszuzahlen (§ 35). Das damit erworbene Recht des Verlegers ist ausschließlich; während der Dauer des Vertragsverhältnisses ist niemand ohne Einwilligung des Verlegers berechtigt, das Werk auf eine andere Art als in einer Sammelausgabe oder in einer periodischen Publikation herauszugeben (§ 38).

Das Gesetz legt ausdrücklich folgende Berechtigungen des Urhebers fest (ius cogens gemäß § 31 Abs. 2):

(1) Das Recht auf Honorar (§ 35);

(2) das Recht auf Vornahme der Urheberkorrektur des Werkes, wobei kleinere vom Urheber vorgenommene Abänderungen, sowie auch Revisionen und Korrekturen der Redaktion auf Rechnung des Verlegers gehen (§ 36);

(3) Das Recht, falls das Werk vor Ablauf der vertraglichen Zeitdauer vergriffen wird, auch ohne eine vorherige diesbezügliche Vereinbarung eine neue Ausgabe des Werkes vom Verleger zu verlangen, sowie das Recht, über diese neue Ausgabe einen Vertrag mit einem anderen Verleger abzuschließen, wenn binnen 6 Monaten nach Geltendmachung des vorher genannten Rechtes des Urhebers der Vertrag über eine neue Ausgabe des Werkes nicht abgeschlossen wird (§ 40);

(4) das Recht, unter Beibehaltung des Anspruchs auf Urheberhonorar, von dem Vertrage zurückzutreten und die Rückgabe des Werkes zu verlangen (§ 37):

a) wenn es ihm nicht ermöglicht wird, die Urheberkorrektur des Werkes vorzunehmen,

b) wenn das Werk in der vertraglich festgelegten Frist nicht herausgegeben wird.

Der Verleger kann seinerseits von dem Vertrage zurücktreten und die Rückerstattung der an den Urheber bereits geleisteten Zahlungen verlangen, wenn ihm der Urheber das Werk ohne schwerwiegenden Grund nicht rechtzeitig oder ordnungsgemäß übergibt (§ 39).

2. *Der Vertrag über eine theatermäßige Aufführung eines Werkes*

Durch diesen Vertrag überträgt der Urheber eines Werkes auf das Theater das Recht, das Werk theatermäßig öffentlich aufzuführen, und das Theater verpflichtet sich, die Aufführung auf eigene Rechnung zu verwirklichen, wobei die erste Vorstellung, falls keine kürzere Frist vereinbart wird, innerhalb einer Frist von 18 Monaten, gerechnet von dem Tage, an welchem das Werk dem Theater übergeben wurde, zu veranstalten ist (§ 43 Abs. 1). Außerdem verpflichtet sich das Theater, dem Urheber das Aufführungshonorar auszuzahlen (§ 41). Der Vertrag ist für einen und denselben Ort ausschließlich; der Urheber ist jedoch durch den Vertrag nicht gehindert, einen solchen Vertrag über dasselbe Werk auch mit einem Theater in einem anderen Orte abzuschließen (§ 42).

Das Recht, von dem Vertrage zurückzutreten und den Ersatz für das entgangene Honorar zu verlangen, steht dem Urheber in folgenden Fällen zu:

(1) wenn die erste Vorstellung spätestens innerhalb einer Frist von 18 Monaten oder innerhalb einer kürzeren vertraglich festgelegten Frist nicht veranstaltet wird (§ 43);

(2) wenn das Werk auf eine den Wert des Werkes herabsetzende Weise aufgeführt wird (§ 44).

Eine besondere Bestimmung enthält § 45, wonach sich der Urheber Abänderungen (Modifikationen) des Werkes, die zur Aufführung des Werkes erforderlich sind und zu welchen die Zustimmung „nicht gut abgelehnt werden kann" (Regieanpassungsmaßnahmen), nicht widersetzen kann. Von dieser Bestimmung war bereits oben im Abschnitt über die persönlichen Rechte des Urhebers die Rede (S. 17).

Die Verträge aus dem Gebiete des Filmwesens: Verfilmungsvertrag und Vertrag über die Vorführung eines Filmwerkes (§§ 46 bis 49), werden aus systematischen Gründen weiter unten in einem selbständigen Absatz über das Urheberrecht am Filmwerk behandelt.

3. *Vertrag über die Sendung eines Werkes durch Rundfunk und Fernsehen*

Durch diesen Vertrag überträgt der Urheber auf ein Rundfunk- oder Fernsehunternehmen das Recht, sein noch nicht veröffentlichtes Werk — bei einem bereits veröffentlichten Werk steht dem Unternehmen eine gesetzliche Lizenz gemäß § 18 zu — zu senden, und das Unternehmen verpflichtet sich, dem Urheber ein Honorar für jede Sendung zu zahlen (§ 50). Dieser Vertrag ist insoweit ausschließlich, als der Urheber mehrere solche Verträge über dasselbe Werk nur dann abschließen kann, wenn es sich um Sendungen von verschiedenen Orten aus handelt (§ 52).

Die Berechtigung, von dem Vertrage zurückzutreten und den Ersatz für das entgangene Honorar zu verlangen, steht dem Urheber für den Fall zu, daß das Unternehmen die Sendung des Werkes innerhalb von 6 Monaten, gerechnet vom Tage, an welchem ihm das Werk übergeben wurde, nicht verwirklicht (§ 51).

4. *Vertrag über die Übertragung eines Werkes auf einen Tonträger oder auf ähnliche Vorrichtungen*

Durch diesen Vertrag überträgt der Urheber auf das Unternehmen das Recht, das Werk in einer dauerhaften Form aufzunehmen, die Aufnahmen herzustellen und in Vertrieb zu bringen (§ 53). Als Verpflichtung des Unternehmens nennt das Gesetz ausdrücklich lediglich die Verpflichtung, dem Urheber ein Honorar zu zahlen (§ 53). Das Unternehmen übernimmt jedoch durch den Vertrag auch die Verpflichtung, das Werk tatsächlich aufzunehmen, die Aufnahmen herzustellen und diese spätestens innerhalb der Frist von einem Jahr seit dem Tage, an welchem der Vertrag abgeschlossen wurde, in Vertrieb zu setzen. Dem Urheber steht das Recht zu, von dem Vertrag zurückzutreten und einen Ersatz für das entgangene Honorar zu verlangen, wenn das Unternehmen die obige Frist nicht einhält (§ 54).

5. *Verträge über die sog. kleinen Rechte*

Für diese Verträge bestimmt das Gesetz nur, daß sie nicht ausschließlich sind, der Urheber also über dasselbe Werk auch mehrere solcher Verträge und dies auch hinsichtlich dessen öffentlicher Aufführung an ein und demselben Orte abschließen kann (§ 56 Abs. 1), und daß die Verträge über eine einzelne öffentliche Aufführung eines Werkes der schriftlichen Form nicht bedürfen (§ 56 Abs. 2).

Im übrigen gelten für diese Verträge sinngemäß die Bestimmungen der §§ 41 bis 45 über eine theatermäßige Aufführung des Werkes (§ 55).

6. Übrige Bestimmungen

Soweit das Gesetz keine besonderen Bestimmungen enthält, gelten für die obenangeführten Vertragsverhältnisse die Bestimmungen des Bürgerlichen Gesetzbuches Nr. 141/1950 Slg., insbesondere auch über die Verjährung der Forderungen, die gemäß § 90 BG in 3 Jahren eintritt. In Fällen, wo im alten Urheberrechtsgesetz Nr. 218/1926 Slg. eine längere Verjährungsfrist festgelegt war, so für den Bereicherungsanspruch (gemäß § 58) 30 Jahre, wird der Beginn einer neuen 3jährigen Verjährungsfrist ab 1. Januar 1954 gerechnet (§ 105).

Eine Möglichkeit des Rücktritts von dem Vertrage wegen gewandelter Überzeugung, wie dies § 34 des RefEntw. DBR vorsieht, wird dem Urheber weder durch das UrhG, noch durch die Bestimmungen des BG gegeben.

Wichtige, in die bestehenden Vertragsverhältnisse tief eingreifende Übergangsbestimmungen bezüglich der vor dem 1. Januar 1954 abgeschlossenen Verträge über die Übertragung von Vermögensrechten der Urheber enthalten die §§ 102 bis 104. Für diese Verträge gelten folgende besonderen Bestimmungen:

(1) Stirbt der Erwerber vor Ablauf der Schutzfrist ohne Erben, so fällt das übertragene Recht wieder an den Urheber zurück (§ 102);

(2) wurde für das Recht zur Benützung eines Werkes ein unangemessen niedriges Honorar vereinbart, so kann der Urheber künftig ein Honorar im Rahmen der auf Grund dieses Gesetzes festgelegten Honorarregelung verlangen (§ 104);

(3) widerspricht die Vereinbarung den Grundsätzen dieses Gesetzes, so können ihr durch Entscheidung des Ministeriums für Kultur die Rechtsfolgen entzogen werden, wenn dies das öffentliche Interesse erfordert (§ 103).

e) Die Zwangsvollstreckung

Aus dem Grundsatz der Unübertragbarkeit der persönlichen Urheberrechte geht hervor, daß nur Vermögensrechte der Urheber Gegenstand einer Zwangsvollstreckung bilden können (§§ 57 bis 60). Obwohl es sich hier um keinen Lohn handelt, geht der Gesetzgeber von dem richtigen Standpunkt aus, daß das Urheberhonorar für den Urheber ein Einkommen aus seiner persönlichen Arbeit bildet und daß es daher gerecht ist, die Zwangsvollstreckung in Urheberhonorare den für die Zwangsvollstreckung in Löhne geltenden Vorschriften anzupassen. Diese besonderen Vorschriften gelten jedoch nur für die Pfändung der Forderungen, die dem Urheber persönlich zustehen. Solche Vorschriften auch für die Pfändung von Forderungen dritter Personen, die das Recht des Urhebers im Vertragswege oder als Erben erworben haben, einzuführen, hätte keine Berechtigung.

Die Pfändung der Forderung des Urhebers auf Urheberhonorar (Ersatz für das entgangene Honorar) wird nur bis zur Höhe eines Fünftels der Forderung durchgeführt. Die Pfändung eines weiteren Fünftels der Forderung kann das Gericht auf Antrag des Gläubigers nach Anhörung des Schuldners nur dann aussprechen, falls dies mit Rücksicht auf den Charakter der einzutreibenden Forderung erforderlich erscheint und mit Rücksicht auf die wirtschaftlichen Verhältnisse des Urhebers möglich ist (§ 58 Abs. 1). Unterhaltsansprüche werden ohne Rücksicht auf die Zeit der Pfändung vor den übrigen Forderungen befriedigt. Das Verhältnis mehrerer Unterhaltsforderungen untereinander regelt § 59 Abs. 1, Satz 2. Die einmal durchgeführte Pfändung für sich wiederholende Zahlungen gilt auch für Zahlungen, die erst künftig fällig werden (§ 59 Abs. 2). Gemäß § 60 gelten diese besonderen Bestimmungen nicht nur für Zwangsvollstreckung, sie sind sinngemäß auch auf einstweilige Verfügungen anzuwenden.

4. Schutz des Urheberrechtes

a) Die Sanktionen

Die Urheberrechte sind sowohl strafrechtlich als auch zivilrechtlich geschützt.

Strafrechtliche Sanktionen des Urheberrechtes befinden sich nicht in dem Urheberrechtsgesetz, sondern in dem Strafgesetzbuch (Gesetz Nr. 86/1950 Slg.). Zu bemerken ist hier, daß das neue Strafgesetz die früheren Privatklagen, insbesondere auch auf dem Gebiete des Urheberrechtes, als eine dem Charakter des volksdemokratischen Strafrechts widersprechende Einrichtung vollkommen abgeschafft hat. Der aus dem Urheberrecht Berechtigte kann sich daher an dem Strafverfahren nur als der Geschädigte beteiligen. Gemäß § 261 SG begeht eine strafbare Handlung (Freiheitsstrafe bis 6 Monate), wer mit einem Werk, welches Gegenstand des Urheberrechtes ist, vorsätzlich so verfügt, wie es nur dem Urheber zusteht. Im übrigen können Eingriffe in die Urheberrechte Tatbestände der Straftaten gemäß § 121 und § 127 des administrativen Strafgesetzbuches (Gesetz Nr. 88/1950 Slg.) bilden.

Der zivilrechtliche Schutz der Urheberrechte ist verschieden, je nach dem, ob es um den Schutz von persönlichen Rechten oder von Vermögensrechten der Urheber geht. Bei der Verletzung persönlicher Urheberrechte können insbesondere folgende Klagen gestellt werden: auf Anerkennung der persönlichen Urheberrechte, auf Verbot von weiteren Verletzungen der Urheberrechte und auf die Beseitigung der Folgen der Verletzung (§ 63 Abs. 1). Die Aufzählung des § 63 Abs. 1 ist nur beispielhaft, nach den Besonderheiten der einzelnen Fälle können auch andere Rechtsmittel in Anspruch genommen werden. Der

Urheber ist daher in der Wahrung seiner persönlichen Urheberrechte in keiner Weise beschränkt. Bei der Verletzung der Vermögensrechte des Urhebers kann gemäß § 64 der Berechtigte im Klagewege folgende Ansprüche geltend machen: daß von der Verletzung der Urheberrechte Abstand genommen wird, auf die Herausgabe der Bereicherung und auf den Ersatz des durch die unberechtigte Benützung des Werkes entstandenen Schadens, dieser Schadenersatzanspruch richtet sich nach den Bestimmungen des Bürgerlichen Gesetzbuches. Um den Kläger von der manchmal schwierigen Beweislast des tatsächlichen Schadens zu befreien, bestimmt § 64 Abs. 3, daß der Berechtigte an Stelle des Schadenersatzanspruches einen Anspruch auf Ersatz bis zur doppelten Höhe des ihm für eine solche Benützung des Werkes, wenn sie berechtigt wäre, zustehenden Urheberhonorars geltend machen kann.

b) Die Dauer des Schutzes

Wie in dem Absatz über die persönlichen Urheberrechte schon ausgeführt wurde, sind persönliche Urheberrechte zeitlich unbeschränkt.

Bei den Vermögensrechten der Urheber umfaßt die Schutzfrist die Lebensdauer des Urhebers und, soweit Vermögensrechte des Urhebers auf die Erben übergegangen sind, noch 50 Jahre nach dem Tode des Urhebers, bzw. bei einem Werke von Miturhebern 50 Jahre nach dem Tode desjenigen von ihnen, der die übrigen überlebt hat, bei einem anonymen oder pseudonymen Werke 50 Jahre nach erfolgter Veröffentlichung des Werkes (§§ 65, 68).

Eine abweichende Frist wurde in folgenden Fällen festgesetzt:

(1) bei den von Behörden, Organen, Institutionen oder Organisationen herausgegebenen Sammelwerken und Zeitschriften – 10 Jahre nach erfolgter Veröffentlichung des Werkes (§ 66);

(2) bei Filmwerken und photographischen Werken — 10 Jahre nach deren Veröffentlichung (§ 69);

(3) bei den erst nach dem Tode des Urhebers veröffentlichten Werken — die normale Schutzfrist verlängert sich auf 10 Jahre nach erfolgter Veröffentlichung des Werkes (§ 67).

Gemäß § 107 endet die Schutzfrist immer erst mit dem letzten Tage des Kalenderjahres.

Durch die oben angeführten Bestimmungen hat der Gesetzgeber im wesentlichen die Bestimmungen des alten Urheberrechtsgesetzes übernommen. Hier ist auch auf wesentliche Unterschiede von den urheberrechtlichen Regelungen der übrigen volksdemokratischen Staaten hinzuweisen, wo viel kürzere Schutzfristen eingeführt wurden. (Polen: 20 Jahre nach dem Ableben des Urhebers; bei juristischen Personen, sowie bei anonymen und pseudonymen Werken: 20 Jahre nach erfolgter Veröffentlichung; bei photographischen, choreographischen, pantomimischen Werken und bei Filmwerken: 10 Jahre nach erfolgter Veröffentlichung oder Vorführung; Bulgarien: lebenslänglich für den Urheber und seine Witwe, bis zur Volljährigkeit für die Nachkommen; 10 Jahre: für die testamentarischen Erben; 15 Jahre: für die wissenschaftlichen Institute und öffentlichen Organisationen; 10 Jahre: bei den Sammelwerken, bei den choreographischen und pantomimischen Werken, bei den Filmwerken und Drehbüchern; Rumänien: lebenslänglich für den Urheber; 15 Jahre: für seine Witwe; bis zur Volljährigkeit bzw. bis zur Beendigung der Studien für die Kinder; 15 Jahre: für die sonstigen von dem Urheber alimentierten Personen.)

c) Freie Werke

Werke, deren Schutzfrist abgelaufen ist, sind frei und können von jedermann benützt werden, wenn an den Kulturfonds ein Beitrag abgeführt wird (§ 81). Durch die Bestimmung, daß auch freie Werke abgabepflichtig sind, hat der Gesetzgeber die sog. Institution des „domaine public payant" übernommen. Es ist jedoch zu betonen, daß die Benützung sonst vollkommen frei geblieben ist und daß der Benützer nicht einen Gegenwert der Benützung, d. i. einen Ersatz für das weggefallene Urheberhonorar, sondern nur einen Beitrag zugunsten des Kulturfonds zu bezahlen hat, der im allgemeinen viel niedriger ist als das weggefallene Urheberhonorar.

Ein freies Werk, welches durch sein hervorragendes Niveau und seine außergewöhnliche Bedeutung die nationale Kultur dauernd bereichert hat, kann durch eine Regierungsverordnung, die gleichzeitig auch die Bedingungen und die Art der Benützung eines solchen Werkes festsetzen kann, zum Kulturellen Vermögen des Volkes erklärt werden (§ 82). Bei dieser Bestimmung geht es keinesfalls um die Einführung des sogenannten „domaine public d'état". Sie verfolgt, wie der Motivenbericht betont, keine fiskalen Gründe. Die von der Regierung festzusetzenden Bestimmungen sollen darauf gerichtet werden, daß diese, für die nationale Kultur besonders wertvollen Werke, vor jeder Herabsetzung ihres Wertes geschützt werden.

5. Das Werk als Sache

Der Übergang des Werkes als Sache, z. B. ein Bild, richtet sich nach den Bestimmungen des Bürgerlichen Gesetzbuches über die Übertragung des Eigentumsrechtes. § 97 enthält eine Bestimmung, deren Überflüssigkeit sich der Gesetzgeber bewußt war. Im Motivenbericht wird diese Bestimmung durch historische Gründe erklärt. In § 97 ist festgelegt, daß derjenige, der das Eigentum eines Werkes erwirbt, mangels abweichender Vereinbarung keine Vermögensrechte des Urhebers erwirbt.

Wichtig ist die Bestimmung des § 98, das ein „droit de suite" festlegt. Der Urheber, der das Eigentum seines Werkes gegen Entgelt übertragen hat — nach seinem Tode sein hinterlassener Ehegatte und seine Kinder und mangels solcher seine Eltern —, kann von dessen Erwerber, der das Werk während des urheberrechtlichen Schutzes mit übermäßigem Gewinn veräußert hat, eine angemessene Abfindung verlangen, wobei die Berechtigten auf dieses Recht nicht verzichten können.

Das alte Gesetz enthielt über das „droit de suite" eine Bestimmung in § 35, die allerdings den Anspruch, über dessen Höhe das Gericht nach freiem Ermessen zu bestimmen hatte, mit 20 % des Reingewinnes beschränkte. Ein weiterer wesentlicher Unterschied besteht darin, daß der oben erwähnte Anspruch des hinterlassenen Ehegatten und der Kinder bzw. der Eltern keinesfalls von dem Anspruch des Urhebers abgeleitet erscheint, sondern als ein originäres Recht sui generis unmittelbar diesen Angehörigen zusteht. Der Anspruch ist daher von der Erbschaft vollkommen unabhängig und steht diesen Personen auch dann zu, wenn sie als Erben nicht in Betracht kommen.

Auch § 99, nach dem das Gericht auf Antrag des Ministeriums für Kultur zum Schutze eines für kulturelle Bedürfnisse des Volkes bedeutungsvollen Werkes besondere Maßnahmen treffen kann, bezieht sich lediglich auf ein Werk als Sache.

6. Das Urheberrecht am Film

Wie bekannt, stellt das Urheberrecht am Film eines der schwersten und heikelsten Probleme des Urheberrechts dar. Es genügt, die über diese Frage in der urheberrechtlichen Literatur verschiedener Länder seit dem ersten Weltkrieg erschienenen Abhandlungen zu überblikken, um sich von den Schwierigkeiten zu überzeugen. Um es kurz zu fassen, kann gesagt werden, daß bei jedem Versuch um die Lösung dieses Problemes drei entscheidende Faktoren zu berücksichtigen sind: die Urheberrechte des eigentlichen Schöpfers des Filmwerkes, die Rechte der Urheber der filmisch benützten Werke und die sowohl finanziellen als auch moralischen Interessen des Filmherstellers. Mit Rücksicht auf die besondere Schwierigkeit dieses Problemes ist es bestimmt für weitere theoretische und gesetzgeberische Arbeiten von besonderer Bedeutung, zu prüfen, wie sich die in den letzten Jahren in verschiedenen Ländern erlassenen Gesetze mit diesem Problem abgefunden haben. Es scheint jedoch, daß sich der tschechoslowakische Gesetzgeber mit diesem Problem nicht so eingehend befaßt hat, wie es dieses Problem zweifellos verdient.

Hinsichtlich der Frage der Urheberschaft am Filmwerk hat sich das Gesetz für eine ähnliche Lösung entschieden, wie sie der RefEntw. DBR vorsieht, jedoch ohne die im RefEntw. gegebene Zusammenfassung der Filmrechtsvorschriften. Bestimmungen, welche die Besonderheiten des Filmwerkes betreffen, sind in § 9 (Urheberschaft am Film), in den §§ 46 bis 49 (Verfilmungsvertrag und Vertrag über die Vorführung eines Filmwerkes) und in § 69 (Schutzfrist) enthalten. Diese zerstreuten Bestimmungen reichen kaum aus, das Problem in seiner Gesamtheit zu lösen.

Vor allem ist zu erwähnen, daß das Gesetz das Filmwerk unter die Kollektivwerke eingereiht hat. Nach dem Wortlaut des Motivenberichts „hat das Filmwerk den Charakter eines Sammelwerkes; es entsteht aus der Tätigkeit der Urheber der literarischen Vorlage, des Filmromans, des literarischen Drehbuches und der literarischen, musikalischen und photographischen Komponente und der Komponente der bildenden Kunst". Gemäß § 9 Abs. 1 stehen die Befugnisse aus dem Urheberrecht am Filmwerk dem Filmhersteller zu. Dies sind nicht nur die Vermögensrechte, sondern auch persönliche Urheberrechte (§ 15). Gemäß § 9 Abs. 2 bleiben jedoch die Rechte der Urheber der literarischen Vorlage, des Filmromans und des literarischen Drehbuches und die Rechte der Urheber der literarischen, musikalischen und photographischen Komponente des Filmwerkes und dessen Komponente der bildenden Kunst unberührt. Auch wenn die in § 9 Abs. 2 genannten Urheber ihre Verfilmungsrechte (§ 46) oder ihre Rechte zur öffentlichen Vorführung (§ 49) übertragen, verbleiben ihnen sämtliche persönlichen Rechte, die unübertragbar sind. Es bestehen daher außer den persönlichen Rechten des Filmherstellers (§ 9 Abs. 1) persönliche Rechte der in § 9 Abs. 2 genannten Personen. Obwohl Kollisionen zwischen einzelnen Berechtigten, insbesondere zwischen dem Filmhersteller einerseits und den übrigen Berechtigten andererseits, vorauszusehen sind, enthält das Gesetz keine Maßnahmen zu deren Vermeidung oder Beseitigung. Im Zusammenhang damit ist zu bedenken, daß durch den Verfilmungsvertrag — nach dem Wortlaut des § 46 — die in § 9 Abs. 2 genannten Urheber an den Filmhersteller lediglich das Verfilmungsrecht übertragen und daß schließlich — nach dem Wortlaut des § 49 — „die Urheber der einzelnen Komponenten des Filmwerkes" nicht an den Filmhersteller, sondern unmittelbar an das Unternehmen zur Vorführung von Filmen das Recht übertragen, das Werk öffentlich vorzuführen.

Die Stilisierung des § 9 unterscheidet sich in keiner Weise von der des § 7. Der Gesetzgeber versucht hier offenbar das Problem der Urheberschaft am Film auf eine ähnliche Art zu lösen, wie er das bei den von Behörden, Organen, Instutionen oder Organisationen herausgegebenen Sammelwerken in § 7 bereits getan hat. Wir haben schon erwähnt, daß die Urheberrechte dieser juristischen Personen nur abgeleitete Rechte sind und daß die Urheberrechte des Veranstalters in § 7 vollkommen übergegangen sind. Bei der Frage der Filmurheberschaft ist jedoch das Problem viel breiter. Es wird bei dieser Gelegenheit nicht ohne Nutzen sein, den Motivenbericht zu § 7 kennen zu lernen:

> „Es ist selbstverständlich, daß immer nur Menschen Urheber sein können. Nur ein Mensch ist einer schöpferischen Idee fähig, nur ein Mensch ist imstande, seine Idee in der Form eines Werkes zum Ausdruck zu bringen. Nicht juristische Personen oder Behörden (Organe) und ähnliche Institutionen oder Organisationen, sondern nur lebendige Leute können daher Urheber eines Werkes sein. Das hindert jedoch nicht, daß die begründeten Interessen einer juristischen Person oder einer Behörde (eines Organs) dadurch gesichert werden, daß ihnen an dem Sammelwerk als Ganzem abgeleitete Rechte zuerkannt werden, die sonst im Urheberrecht einbegriffen sind ..."

Es besteht kein Zweifel darüber, daß der Filmhersteller, der in der ČSR, mit Rücksicht auf die 1945 erfolgte Nationalisierung des Filmwesens, immer nur eine juristische Person sein kann, nur die vom eigentlichen Filmurheber (natürliche Person) abgeleiteten Urheberrechte ausübt. Ohne Rücksicht auf die Verschiedenheit der Stilisierung, handelt es sich also hier um eine Regelung, die auch in § 93 Abs. 1 RefEntw. DBR enthalten ist.

Eine ähnliche Parallele gilt auch zwischen der Bestimmung des § 9 Abs. 2 UrhG und der des § 93 Abs. 2 RefEntw. DBR, welch letztere jedoch ausdrücklich von den Urhebern der filmisch benutzten Werke spricht. Aus dem Inhalt des § 9 Abs. 2, insbesondere im Vergleich mit der analogen Bestimmung des § 7, geht hervor, daß auch hier nur Urheber der Werke gemeint sind, die auch außerhalb des Filmwerkes selbständig bestehen können. Immerhin enthält die dort gegebene Aufzählung auch Urheber (Urheber des literarischen Drehbuches und der literarischen und photographischen Komponente des Filmwerkes), die sonst nicht nur in der Literatur, sondern auch in den neueren Gesetzen oder Gesetzesentwürfen oft zu Miturhebern des Filmwerkes gezählt werden, so rechnen im französischen Entwurf von 1954 (Art. 14) und im ägyptischen Gesetz vom 24. Juni 1954 (Art. 31) Urheber des Drehbuchs, der Bearbeitung und des gesprochenen Textes zu den Miturhebern des Filmwerks. Für alle diese Urheber wird vom Gesetzgeber das Regime der filmisch benützten Werke angewendet. Obwohl es dem Gesetzgeber klar war, daß der Filmhersteller, dem die abgeleiteten Urheberrechte zustehen, nicht der eigentliche Filmurheber ist und obwohl es nicht wiederholt zu werden braucht, daß ein Filmwerk weit mehr ist als eine bloße Zusammenstellung der in § 9 Abs. 2 erwähnten Werke bzw. Komponenten, finden wir in dem Gesetz keine Bestimmung über den eigentlichen Filmurheber. Eine ähnliche Bestimmung wie Art. 14 des französischen Entwurfes („Ont la qualité d'auteur d'une œuvre cinématographique la ou les personnes physiques qui réalisent la création intellectuelle de cette œuvre") enthält das tschechoslowakische UrhG nicht.

In diesem Zusammenhang stellt sich die Frage der Urheberrechte des Regisseurs. Laut § 7 Abs. 2 des aufgehobenen Gesetzes Nr. 218/1926 Slg. galt der Regisseur, mangels anderweitigen Übereinkommens, als Bearbeiter. Der Motivenbericht zu § 9 führt über die Frage der Urheberschaft des Regisseurs folgendes an: „Die urheberrechtliche Stellung des Filmregisseurs ist nicht geregelt und kann auch an dieser Stelle nicht geregelt werden. Die Urheberrechte, die sonst im Urheberrecht einbegriffen sind, werden nämlich, soweit es um das Filmwerk als Ganzes geht, dem Filmhersteller zuerkannt. . . . Es ist daher nicht möglich, diese Urheberrechte am Filmwerk als Ganzem dem Filmregisseur zuzuerkennen. Der Filmregisseur wird allerdings, falls er durch seine schöpferische Tätigkeit dem Filmwerk die Eigenart einprägt, ein Bearbeiter sein, in der Regel ein Bearbeiter des literarischen Drehbuches." Die Rechte des Filmregisseurs wären daher nur unter den im § 9 Abs. 2 erwähnten Rechten zu berücksichtigen und dies jedoch nur in den Fällen, wo der Regisseur als Urheber oder Bearbeiter eines der dort aufgezählten Werke betrachtet werden kann. Ansonsten gebühren dem Filmregisseur nach dem neuen UrhG der ČSR keine Urheberrechte, auch nicht persönliche Urheberrechte. Er hätte also auch kein Recht, sich etwaigen Verstümmelungen des Filmwerkes zu widersetzen. Eine dem § 96 RefEntw. DBR — bei sonst ähnlicher Regelung der Frage der Filmurheberschaft — ähnliche Bestimmung, die dem Filmregisseur das „Droit moral" zuerkennt, enthält das tschechoslowakische Gesetz nicht. Den im § 9 Abs. 2 genannten Personen verbleiben jedoch, mangels Übertragbarkeit, sämtliche persönliche Rechte auch nach erfolgter Übertragung der Auswertungsrechte; diese Personen sind also auch legitimiert, sich etwaigen Verstümmelungen zu widersetzen. Bestimmungen zur Beseitigung von Kollisionen zwischen den verschiedenen Gruppen der Inhaber persönlicher Rechte sind in dem Gesetz nicht enthalten.

Die §§ 46 bis 49 enthalten Bestimmungen über den Szenarvertrag (Verfilmungsvertrag) und den Vertrag über die Vorführung eines Filmwerkes.

Die im Gesetz gewählte Bezeichnung „Szenarvertrag" (§§ 46 bis 48) ist rechtsbegrifflich unrichtig. Gegenstand dieses Vertrages bildet gemäß § 46 die Übertragung von Verfilmungsrechten der Urheber und nicht etwa die Schaffung eines Drehbuches. Richtig sollte dieser Vertrag daher als „Verfilmungsvertrag“ bezeichnet werden.

Durch den Szenarvertrag (Verfilmungsvertrag) übertragen die Urheber der filmisch benutzten Werke, wozu das Gesetz auch den Kameramann rechnet, auf den Filmhersteller lediglich das Recht, ihre Werke gegen Zahlung eines Urheberhonorars zur Schaffung des Filmwerkes zu benützen (Verfilmungsrecht), jedoch nicht das Recht zur Vorführung, welches erst den Gegenstand des zweiten Vertrages bildet. Insofern ist die rechtliche Stellung des Filmherstellers wesentlich schwächer, als nach § 92 RefEntw. DBR, der dem Filmhersteller gemeinsam mit dem Verfilmungsrecht auch noch weitere Nutzungsrechte sichert (Vervielfältigung, Verbreitung und, mit Ausnahme der Musik, auch das Recht zur Vorführung). Die im UrhG durchgeführte Trennung beider Rechte schafft die gesetzliche Möglichkeit für die Tantiemenansprüche der in § 9 Abs. 2 genannten Urheber. Solche Ansprüche werden in der Praxis durch Kollektivverträge geregelt.

Für den Szenarvertrag (Verfilmungsvertrag) gelten außer den allgemeinen Bestimmungen für Verträge über die Verbreitung von Werken (§§ 28 bis 33) noch folgende besonderen Bestimmungen: Der Vertrag kann höchstens auf die Dauer von 5 Jahren abgeschlossen werden (§ 47 Abs. 1), wobei dem Urheber das Recht zusteht, unter Beibehaltung seines Anspruchs auf Urheberhonorar von dem Vertrage zurückzutreten, falls der Film innerhalb von 3 Jahren, gerechnet von dem Tage des Vertragsabschlusses, nicht hergestellt wird (§ 48). Dem Vertrag kommt Ausschließlichkeitscharakter zu (§ 47 Abs. 2).

Durch den Vertrag über die Vorführung eines Filmwerkes übertragen die im § 9 Abs. 2 genannten Urheber auf das Unternehmen zur Vorführung von Filmen gegen Zahlung eines Urheberhonorars das Recht, das Werk öffentlich vorzuführen.

Die Dauer des urheberrechtlichen Schutzes wurde für das Filmwerk auf 10 Jahre festgelegt, gerechnet vom Tage der Veröffentlichung des Werkes (§ 69). Der tschechoslowakische Gesetzgeber hat sich in dieser Hinsicht der polnischen und bulgarischen Regelung angeschlossen. Somit entsteht ein großer Unterschied zwischen der Dauer des urheberrechtlichen Schutzes eines Filmwerkes (10 Jahre ab Veröffentlichung) und der Schutzdauer für die übrigen Werke (50 Jahre nach dem Tode des Urhebers), was kaum durch die Verschiedenheit des Charakters dieser Werke erklärt werden kann. Es kommt dazu, daß das Urheberrecht des Filmherstellers (§ 9 Abs. 1) nach 10 Jahren erlischt, die Rechte der Urheber von filmisch benutzten Werken in bezug auf die Vorführung von Filmen jedoch aufrecht erhalten werden (§§ 9 Abs. 2, 49). Eine große Differenz ergibt sich auch gegenüber der Schutzdauer, die dem

Filmwerk in den westlichen Staaten gewährt wird und die — im Einklang mit der RBÜ — größtenteils der Schutzdauer der übrigen Werke entspricht. Es braucht nicht betont werden, daß die Auswertung eines Filmwerkes in einem Zeitraum von 10 Jahren nicht beendet und daß die Lebensfähigkeit eines Filmwerkes normalerweise viel länger ist. Es ist zu bedauern, daß sich die Tschechoslowakei, die gewiß zu Staaten mit einer stark entwickelten Filmherstellung gerechnet werden kann, zu dieser wesentlichen Verkürzung der Dauer des Schutzes der Filmwerke entschlossen hat, was ihre Beziehungen auf dem Gebiete des Filmwesens zu anderen Staaten ungünstig beeinträchtigen kann.

II. Die dem Urheberrecht verwandten Rechte

In seinem sechsten Teile (§§ 83 bis 96) behandelt das Gesetz als dem Urheberrecht verwandte Rechte: Rechte der ausübenden Künstler (§§ 83 bis 91), Rechte der Unternehmen zur Herstellung von Aufnahmen und der Unternehmen zur Sendung von Werken durch Rundfunk und Fernsehen (§§ 92 bis 94), sowie die Rechte an persönlichen Schriftstücken und Porträts (§§ 95, 96). Es kann gesagt werden, daß dieser Teil, welcher in gewisser Hinsicht neue Wege bahnt, zu den interessantesten Teilen des Gesetzes gehört.

1. Rechte der ausübenden Künstler

Es ist nicht ohne Nutzen, an dieser Stelle zu erwähnen, daß die Idee eines Schutzes der Rechte der ausübenden Künstler in der urheberrechtlichen Gesetzgebung der ČSR nicht neu ist. Schon der Gesetzgeber von 1926 hat sich mit dieser Idee befaßt und hat sich schließlich für eine Lösung entschlossen, in der er den ausübenden Künstlern hinsichtlich ihrer Leistungen in bestimmten Fällen die Stellung der Bearbeiter der von ihnen vorgetragenen Werke gemäß §§ 7 und 9 des Gesetzes Nr. 218/1926 Slg. zuerkannt hat. Gemäß § 7 des erwähnten Gesetzes gehörten nämlich zu den geschützten Werken, unter der Bedingung, daß sie sich als Ergebnis einer schöpferischen Tätigkeit des ausübenden Künstlers erwiesen haben, auch persönliche Vorträge von Werken der Literatur und Tonkunst für Instrumente, die zur mechanischen Wiedergabe der Vorträge bestimmt sind, sowie Übertragungen von Tonwerken mittels technischer Adaptierung solcher Instrumente oder ihrer Bestandteile, insoweit die Eigenart des Vortrages durch dieselben bestimmt wurde. Bei einem Chor- oder Orchestralvortrag galt gemäß § 9 der Dirigent als Bearbeiter. Diese Regelung hat sich zwar als nahezu unwirksam erwiesen, sie hat aber in psychologischer Hinsicht den Boden zu einer systematischen und wirksameren Regelung der Rechte der ausübenden Künstler vorbereitet.

Obwohl das neue Gesetz in gewisser Hinsicht an den Römischen Vorentwurf 1951 für eine Internationale Konvention anknüpft, bahnt es eigene Wege. Dies bezieht sich insbesondere auf die Frage des Schutzsubjektes. Gemäß § 83 werden nicht Rechte aller ausübenden Künstler geschützt, sondern nur die Rechte derjenigen ausübenden Künstler, die in einer öffentlichen Aufführung eines literarischen oder künstlerischen Werkes als Solisten wirken. Um die Gefahren, die sich aus einer Vermehrung dieser Rechte ergeben könnten, zu vermeiden, hat sich hier der Gesetzgeber zu einer Einschränkung der Kategorie der Berechtigten entschlossen, wobei er allerdings als einziges Kriterium die Bedeutung ihrer schöpferischen Beiträge und danach auch der Wichtigkeit des Schutzes ihrer Rechte zur Grundlage seiner Regelung gemacht hat. Als „Solisten" werden, wie es der Motivenbericht erwähnt, bei der Reproduktion eines Werkes der Tonkunst auch die Mitglieder eines Kammerensembles, Quartetts u. ä. betrachtet. Geht es um ein Orchester, einen Sängerchor oder eine Tanzgruppe, so wird außer den sonstigen Solisten auch der Dirigent bzw. der Chor- oder Ballettmeister als Solist im Sinne des Gesetzes betrachtet und geschützt.

Mit Rücksicht auf den Wortlaut des § 83 Abs. 1 könnte mit Recht die Frage gestellt werden, ob sich der in diesen Bestimmungen festgelegte Schutz auch auf diejenigen Künstler erstreckt, die bei der Schaffung eines Filmwerkes tätig sind. Es besteht kein Zweifel darüber, daß es sich in diesem Falle nicht um Künstler handelt, deren Wirkung sich auf eine öffentliche Aufführung eines literarischen oder künstlerischen Werkes bezieht; ihre Wirkung fällt in diesem Falle in das Stadium der Schaffung des Filmwerkes, nicht dessen öffentlicher Vorführung. Es steht jedoch fest, daß es der Absicht des Gesetzgebers fern war, diese Künstler von diesem Schutze auszuschalten, was auch die praktische Durchführung des Gesetzes beweist. Immerhin geht die Auslegung, wonach sich dieser Schutz auch auf filmschaffende Künstler erstreckt, zweifellos über den Rahmen des Wortlauts des Gesetzes hinaus, so daß hier eine entsprechende Korrektur des Wortlauts dieser Bestimmung angebracht wäre.

Der Inhalt der Rechte der ausübenden Künstler ist sehr weit gefaßt, so daß in gewisser Hinsicht die ausübenden Künstler noch besser geschützt erscheinen, als die Urheber selbst. Der ausübende Künstler genießt nicht nur Vermögensrechte, sondern in einem großen Ausmaß auch persönliche Rechte (§ 90), die denjenigen der Urheber ganz analog sind. Auch die persönlichen Rechte der ausübenden Künstler sind unübertragbar und zeitlich unbeschränkt. Ein interessanter Unterschied besteht darin, daß die Organisation der ausübenden Künstler diese Rechte nicht etwa neben den Künstlern selbst — wie es gemäß § 63 Abs. 3 bei den Urhebern der Fall ist —, sondern lediglich nach dem Tode des ausübenden Künstlers neben dem Ehegatten und den Kindern bzw. Eltern des Künstlers geltend machen können. Sonst gilt hier über den selbständigen originären Charakter der Rechte der im § 90 Abs. 2 genannten Verwandten dasselbe, was bei § 63 Abs. 3 bereits gesagt wurde.

Was die Vermögensrechte betrifft, so wird dem ausübenden Künstler — analog zu der Bestimmung des § 15 Abs. 2, 3 — das Verfügungsrecht über seine Leistung (§ 83 Abs. 1) und das Recht auf Honorar (§ 83 Abs. 2) zuerkannt. Die Honorare werden durch eine im Rahmen der Richtlinien der Regierung zu erlassende Kundmachung des Ministeriums für Kultur bestimmt. Ein wesentlicher Unterschied besteht hier jedoch darin, daß von der Regierung auch Ausnahmen von dem sonst im Gesetze verankerten Recht des ausübenden Künstlers auf Honorar für die Benützung der Leistung festgelegt werden können (§ 86). Die Rechte der ausübenden Künstler beziehen sich (§ 83 Abs. 1) auf Benützung ihrer Leistungen:

a) für die mechanische, elektrische oder optische Aufnahme, soweit diese zum Zwecke der Herstellung der zum öffentlichen Vertrieb bestimmten Aufnahmen (§ 53) — oder der zur öffentlichen Vorführung bestimmten Filme erfolgt;

b) für die öffentliche Aufführung von Aufnahmen und für die öffentliche Vorführung von Filmen,

c) für die Sendung durch Rundfunk, Fernsehen oder ähnliche Vorrichtungen, sofern die Leistung auf Rechnung von jemandem anderen als von einem Unternehmen zu solcher Verbreitung von Werken erfolgt.

Das Gesetz geht im § 83 von dem Grundsatz aus, daß die Leistung eines ausübenden Künstlers nur mit seiner Einwilligung benützt werden darf. Im § 84 sind gesetzliche Lizenzen festgelegt, durch welche jedoch der Honoraranspruch des ausübenden Künstlers nicht berührt ist. Zu bemerken ist es, daß sich der ausübende Künstler in seinem Recht, Einwilligungen zur Benützung seiner Leistung zu erteilen, durch keine dem § 22 analoge Bestimmung eingeschränkt sieht, so daß seine Einwilligung nicht durch einen behördlichen Spruch ersetzt werden kann. Auch in dieser Hinsicht ist die Stellung des ausübenden Künstlers besser, als die des Urhebers. Eine Einschränkung des Rechtes des ausübenden Künstlers besteht darin, daß auch hier — analog zu der Bestimmung des § 72 — das ausschließliche Recht, die Einwilligung zur Benützung von Leistungen zu erteilen und Honorare zugunsten ausübender Künstler einzuheben, durch eine Kundmachung des Ministeriums für Kultur einer Organisation der ausübenden Künstler oder einer Urheberschutzorganisation zuerkannt werden kann (§ 88).

Die Einwilligung zur Benützung seiner Leistung erteilt der ausübende Künstler durch Verträge, die laut § 85 Abs. 1 den Verträgen über die Verbreitung von Werken (§§ 28 bis 56) analog sind. Aus dieser Bestimmung folgt die Deduktion, daß die zwingenden Vorschriften der §§ 28 bis 56 betreffend die Schriftform und den Inhalt der Verträge auch hier ihre sinngemäße Anwendung finden. Auch hier kann der Inhalt dieser Verträge durch eine Kundmachung des Ministeriums für Kultur geregelt werden (§ 85 Abs. 2). Es ist zu bedauern, daß sich das Gesetz an dieser Stelle doch nicht eingehender mit den Bestimmungen dieser Verträge befaßt hat, da sich hier außer der im Gesetz erwähnten Analogie auch völlig besondere, wichtige Probleme zeigen, die durch diese Verträge zu lösen sind. Als eine einzige Bestimmung dieser Art legt § 89 fest, daß die Unternehmen zur Herstellung von Aufnahmen sowie auch zur Herstellung von Filmen verpflichtet sind, auf jeder Vervielfältigung der Aufnahme oder des Filmes, und das Unternehmen zur Sendung von Werken durch Rundfunk und Fernsehen verpflichtet ist, bei jeder Sendung den Namen (Pseudonym) des ausübenden Künstlers anzugeben. Auf dieses Recht kann der ausübende Künstler jedoch verzichten (§ 89 Abs. 2).

Ein Mangel dieser Regelung könnte darin gesehen werden, daß die Rechte der ausübenden Künstler zueinander sowie auch zu den Urhebern nicht abgestuft sind, so daß eine Kollision zwischen diesen verschiedenen Rechten leicht möglich erscheint. Eine diesbezügliche Bestimmung, wie sie z. B. § 97 RefEntwDBR für das Filmwerk vorsieht, enthält das Gesetz nicht.

Für die Zwangsvollstreckung in die Honorare für die Benützung von Leistungen der ausübenden Künstler enthält das Gesetz keine besonderen Bestimmungen. Mit Rücksicht darauf, daß, im Unterschied zu den Urhebern, diese Honorare für die ausübenden Künstler nur Nebeneinkünfte darstellen, fallen hier die Gründe für einen besonderen Schuldnerschutz der Künstler weg.

Die Schutzdauer der Vermögensrechte der ausübenden Künstler beträgt 20 Jahre nach erfolgter Fixierung der Leistung (§ 87). Auch im Vergleich mit dieser Frist erweist sich die Schutzdauer für das Filmwerk als ungenügend.

Verstöße gegen die Rechte der ausübenden Künstler werden als Verstöße gegen die Urheberrechte bestraft (§ 106).

2. Rechte der Unternehmen zur Herstellung von Aufnahmen und der Unternehmen zur Sendung von Werken durch Rundfunk und Fernsehen

Diesen Unternehmen wird durch das Gesetz der Anspruch auf den Schutz ihrer Vermögensrechte zuerkannt (§§ 92 bis 94). Persönliche Rechte werden hier nicht festgelegt. Den Unternehmen zur Herstellung von Aufnahmen steht das Recht zu, Einwilligungen zu einer öffentlichen Aufführung von Aufnahmen und deren Sendung durch Rundfunk oder Fernsehen zu erteilen. Ebenfalls steht den Rundfunk- und Fernsehunternehmen das Recht zu, Einwilligungen zu einer Übertragung einer Rundfunk- oder Fernsehsendung, sodann zu deren Fixierung auf einen Ton- oder Bildträger und schließlich zu deren öffentlichen Vorführung durch Vorrichtungen, die zur Übertragung von Bildern dienen, zu erteilen und dafür Honorare zu beheben (§ 92 Abs. 1, § 93). Die an letzter Stelle erwähnte Berechtigung soll die Möglichkeit für die Erfassung von Fernsehtheatern bieten; die Vorführung durch Einrichtungen, die nur zur Übertragung des Tons dienen, bedarf keiner Einwilligung. Die Honorare werden durch eine auf Grund der Richtlinien der Regierung vom Ministerium der Kultur zu erlassende Kundmachung geregelt. Die Regierung kann auch Ausnahmen von dem Honoraranspruch festlegen (§ 94 Abs. 1).

Eine gesetzliche unentgeltliche Lizenz besteht darin, daß eine weitere Übertragung einer im Rundfunk oder im Fernsehen erfolgten Sendung von Aufnahmen keiner Einwilligung des Unternehmens zur Herstellung von Aufnahmen bedarf; diese Übertragung begründet auch keinen Honoraranspruch des Unternehmens (§ 92 Abs. 2).

Die Dauer des Schutzes der Unternehmen zur Herstellung von Aufnahmen beträgt 10 Jahre, gerechnet von dem Zeitpunkt, da die Aufnahme in Vertrieb gesetzt wurde (§ 92 Abs. 3). Der Schutz der Rechte der Unternehmen zur Sendung von Werken durch Rundfunk und Fernsehen bedarf mit Rücksicht auf den Charakter des geschützten Rechtes keiner besonderen Bestimmung über eine zeitliche Beschränkung des Schutzes.

3. Persönliche Schriftstücke und Porträts

Schriftstücke persönlichen Charakters können nur mit Einwilligung des Schreibers, wenn es um einen Brief geht auch mit Einwilligung des Empfängers (§ 95), Porträts und deren Vervielfältigungen nur mit Einwilligung des Abgebildeten (§ 96) benützt werden. Nach dem Tode der Berechtigten steht dieses Recht dem hinterbliebenen Ehegatten und den Kindern des Verstorbenen und, mangels solcher, seinen Eltern zu. Auch dieses Recht der genannten Angehörigen ist — analog zu §§ 63, 90 — ein originäres, vom ursprünglichen Berechtigten nicht abgeleitetes Recht, welches von der Erbschaft völlig unabhängig ist.

Für die Benützung von Porträts sind im Gesetz zwei gesetzliche unentgeltliche Lizenzen festgelegt:

a) für die Benützung eines Porträts zu einer Berichterstattung oder zu wissenschaftlichen oder künstlerischen Zwecken, wobei jedoch die schutzwürdigen Interessen des Abgebildeten zu schonen sind (§ 96 Abs. 2);

b) für die Benützung von Porträts zu Amtszwecken (§ 96 Abs. 3).

III. Urheberorganisationen

Urheberorganisationen sind Urheberverbände und Urheberschutzorganisationen.

Urheberverbände (§ 70) sind freiwillige, auf Grund des Gesetzes Nr. 68/1951 Slg. errichtete Organisationen, welche die Urheber einzelner Arbeitsgebiete vereinigen: Verband tschechoslowakischer Schriftsteller, Verband tschechoslowakischer Komponisten und Zentralverband tschechoslowakischer bildenden Künstler mit drei eingegliederten Verbänden der Maler, Bildhauer und Graphiker, der Architekten und der angewandten Kunst.

Urheberschutzorganisationen (§§ 71, 72), die als Genossenschaften gegründet wurden, haben für die wirtschaftliche und rechtliche Betreuung ihrer Mitglieder zu sorgen. Sie unterstehen unmittelbar dem Ministerium für Kultur, womit eine Ausnahme von der Zwangsmitgliedschaft in dem Zentralrat der Genossenschaften geschaffen wurde.

§ 72 legt fest, daß diesen Urheberschutzorganisationen durch eine im Amtsblatt zu verlautbarende Kundmachung des Ministeriums für Kultur das ausschließliche Recht zuerkannt werden kann:

a) in ihrem Aufgabenbereich Einwilligungen zur Benützung von Werken zu erteilen, insbesondere Verträge über die Verbreitung abzuschließen,

b) Urheberhonorare einzuheben,

c) Beiträge für Kulturfonds einzuheben.

Das Ministerium für Kultur kann auch die Verbindlichkeiten der Personen festlegen, die zur Benützung eines Werkes die Einwilligung der Urheberschutzorganisation benötigen, oder die zur Zahlung des Urheberhonorars an dieselbe verpflichtet sind.

Diese gesetzliche Bestimmung ist in der tschechoslowakischen Gesetzgebung nicht neu. Eine ähnliche Bestimmung finden wir schon im § 30 a) des aufgehobenen Gesetzes, auf Grund dessen durch die Kundmachung des Ministeriums für Schulwesen und Kultur vom 10. 9. 1936, die oben unter a) und b) angeführten Rechte der Autorenschutzorganisation zuerkannt wurden.

Auf Grund des § 72 wurden durch die Kundmachung des Ministeriums der Kultur vom 10. Juli 1954 Nr. 145 (Amtsblatt Nr. 82/1954) den Urheberschutzorganisationen die ausschließlichen Berechtigungen in folgendem Umfange zuerkannt (§ 1 Abs. 1):

Der Tschechoslowakischen Theater- und Literaturagentur in Prag und der Slowakischen Theateragentur in Bratislava, deren beider Aufgabenbereich sich auf veröffentlichte literarische und dramatische Werke bezieht;

1. literarische Werke:
   a) Veröffentlichung in Zeitschriften,
   b) öffentliche Vorträge,
   c) Benützung eines veröffentlichten Werkes zur Schaffung eines Filmwerkes und öffentliche Vorführung eines Filmwerkes,
   d) Sendung durch Rundfunk und Fernsehen,
   e) dauerhafte Aufnahme zur Herstellung von Tonträgern und deren Vertrieb.
2. öffentliche Aufführung von dramatischen Werken.

Der Autorenschutzvereinigung in Prag und der Slowakischen Autorenschutzvereinigung in Bratislawa, deren beider Aufgabenbereich sich auf Werke der Tonkunst mit oder ohne Text bezieht:

a) öffentliche nicht-theatermäßige Aufführungen,
b) Benützung eines Werkes zur Schaffung eines Filmwerkes und dessen öffentliche Vorführung,
c) Sendung durch Rundfunk und Fernsehen,
d) dauerhafte Aufnahme zur Herstellung von Tonträgern und deren Vertrieb.

Der Schutzorganisation bei dem Tschechischen Fonds der bildenden Künste in Prag und der Schutzorganisation bei dem Slowakischen Fonds der bildenden Künste in Bratislava, deren beider Aufgabenbereich sich auf Werke der bildenden Künste einschließlich der architektonischen Werke, auf Werke der angewandten Kunst und auf photographische Werke bezieht:

a) Herausgabe von Werken einschließlich der Veröffentlichung in Zeitschriften,
b) öffentliche Ausstellungen,
c) Benützung veröffentlichter Werke zur Schaffung eines Filmwerkes und dessen öffentliche Vorführung,
d) Sendung des veröffentlichten Werkes durch Fernsehen.

Gemäß § 2 vermitteln die Urheberschutzorganisationen in ihrem Aufgabenbereich auch Übertragungen von Urheberrechten ins Ausland im Sinne des § 26 Abs. 2 UrhG. Zu bemerken ist noch, daß die Urheberschutzorganisationen keine auf Gewinn gerichteten Organisationen sind; sie dürfen daher nur die zur Deckung von entstandenen Kosten erforderlichen Beiträge von den eingehobenen Urheberhonoraren in Abzug bringen (§ 3 der Kundmachung).

IV. **Kulturfonds**

Die Errichtung von Kulturfonds, deren Aufgabe in der Unterstützung der schöpferischen Tätigkeit auf dem Gebiete der Literatur, der Musik und der bildenden Kunst durch Schaffung von günstigen Bedingungen für eine schöpferische Tätigkeit der Schriftsteller, der Komponisten und der bildenden Künstler besteht, gehört zu den Neuerungen des Gesetzes. Die Idee hat jedoch in den tschechoslowakischen Gesetzgebungsarbeiten bereits eine Rolle gespielt. Bestimmungen über die Errichtung eines Kulturfonds, in welchen Gebühren für die Benützung von freien Werken fließen sollten, hatte der Entwurf eines Urheberrechtsgesetzes von 1920 enthalten. Damals wurde eine solche Bestimmung jedoch abgelehnt.

Auf Grund der Bestimmung des § 73 sind drei Kulturfonds errichtet worden: der literarische Fonds, der musikalische Fonds und der Fonds der bildenden Künste.

Die Fonds erfüllen ihre Aufgabe insbesondere durch Gewährung von langfristigen Darlehen, von regelmäßigen monatlichen Vorschüssen, von Stipendien und Reisebeiträgen sowie von Unterstützungen an die Schaffenden und deren Familien im Falle von Krankheit, von Invalidität oder des Alters und durch Errichtung von Heimen und Klubs für die Schaffenden. Die erforderlichen Mittel werden aus Beiträgen der Empfänger von Urheberhonoraren, der Verleger und anderer Benützer von Werken, der Benützer von freien Werken, sowie aus dem Ertrag eigenen Vermögens, aus den Überschüssen eigener Unternehmen und aus Spenden, Erbschaften, Vermächtnissen und staatlichen Unterstützungen geschöpft.

§ 77 sieht vor, daß die Beiträge der Empfänger von Urheberhonoraren und der Benützer von freien Werken auf Antrag von Urheberverbänden von der Regierung geregelt werden, die auch die Pflichten der zur Abführung der Beiträge an die Kulturfonds verpflichteten Personen, sowie die Ausnahmen von der Beitragspflicht festlegen kann. Diese Regelung wurde durch die Kundmachung der Regierung vom 18. Mai 1954, Nr. 127 (Amtsblatt Nr. 76/1954) getroffen. Durch diese Kundmachung wurden die Beiträge der Empfänger von Urheberhonoraren einheitlich auf 2 % der Honorare festgelegt. Die Beiträge für die Benützung freier Werke wurden verschiedentlich für die einzelnen Arten der Benützung festgelegt, wobei jedoch ihre Höhe in keinem Falle 50 % des Urheberhonorars überschreitet, den der Benützer dieses Werkes vor Ablauf der Schutzfrist zu zahlen gehabt hätte.

Beiträge der Verleger und anderer Benützer von Werken wurden auf Grund des § 78 des Gesetzes durch die vom Minister der Kultur im Einvernehmen mit dem Finanzminister erlassene Kundmachung vom 8. September 1954, Nr. 197 (Amtsblatt Nr. 114/1954) geregelt und auf 1 % der für einzelne Fälle in der Kundmachung festgelegten Bemessungsgrundlage (Verkaufspreis eines Schriftwerkes u. ä.) festgelegt.

Die §§ 79, 80 des Gesetzes enthalten Bestimmungen über die Organisation der Kulturfonds.

Es kann kein Zweifel darüber bestehen, daß die Errichtung der Kulturfonds, insbesondere mit Rücksicht auf die edlen Aufgaben, die diesen Fonds auferlegt wurden, einen Schritt vorwärts darstellt und daß diese neue Institution geeignet ist, wie es der Wunsch des Gesetzgebers war, insbesondere durch Schaffung günstiger Arbeitsbedingungen für die Schaffenden, zur Entfaltung einer schöpferischen Tätigkeit auf allen Gebieten des Kulturschaffens beizutragen. Und das ist wohl eines der höchsten Ziele aller urheberrechtlichen Regelungen.

C. **Zusammenfassung**

Wir haben uns bemüht, in dieser Übersicht die Grundsätze der neuen tschechoslowakischen Urheberrechtsregelung klarzulegen, die im Rahmen einer neuen Rechtsordnung dieses Staates durchgeführt wurde. Wir konnten dabei feststellen, daß der Gesetzgeber, statt sich zum Experimentieren hinreißen zu lassen, sein Werk in erster Reihe auf den Ergebnissen der vorausgehenden wissenschaftlichen und gesetzgeberischen Arbeiten, sowohl der eigenen, als auch der Arbeiten anderer Länder begründet hat, was einen Vorteil dieser Arbeit bildet. Wir haben gesehen, daß es der tschechoslowakische Gesetzgeber versucht hat, im Jahre 1953 im Gesetzwege manche Probleme zu lösen, die in vielen anderen Staaten noch jetzt auf ihre gesetzliche Regelung warten. Das hat die Arbeit des Gesetzgebers gewiß wesentlich erschwert. Wie kein Menschenwerk, ist bestimmt auch dieses Gesetz nicht ohne Mängel, es ist jedoch seit dem Inkrafttreten des Gesetzes eine zu kurze Zeit verstrichen, um schon heute die Richtigkeit, Zweckmäßigkeit und Wirksamkeit aller Bestimmungen des Gesetzes ganz objektiv beurteilen zu können.

Das größte Interesse verdient, nach unserer Ansicht, außer der Schaffung der Kulturfonds und des Systems der dem Urheberrecht verwandten Rechte, die durch das Gesetz geschaffene Konstruktion der persönlichen Urheberrechte, deren System, wie dieses im Gesetz festgelegt ist, gewisse neue Aspekte aufweist. Wenn sich der Gesetzgeber die Aufgabe gestellt hat, die Interessen der Urheber und die der Gesellschaft in Einklang zu bringen, ist er unseres Erachtens auf dem Gebiete der Urheberpersönlichkeitsrechte der Erfüllung dieser Aufgabe am nähesten gekommen.

Wir glauben daher, mit Recht feststellen zu können, daß das Gesetz einen interessanten Beitrag zu den nationalen und internationalen Bemühungen um Lösungen urheberrechtlicher Probleme bildet und daß einige seiner Bestimmungen in dieser Hinsicht die Bedeutung einer lediglich nationalen Regelung sogar überschreiten.

Anhang

Gesetz über das Urheberrecht (Urheberrechtsgesetz)

Vom 22. Dezember 1953. Nr. 115 Slg.*)

§ 1. — EINLEITENDE BESTIMMUNGEN

Der Zweck des Urheberrechtsgesetzes ist, die aus der Schöpfung von literarischen, wissenschaftlichen und künstlerischen Werken entstehenden Beziehungen so zu regeln,

daß der Schutz der Interessen der Urheber solcher Werke sichergestellt und das geistige Schaffen zugunsten des Volkes und seines kulturellen Aufbaus angeregt wird,

daß gleichzeitig sichergestellt wird, daß an den Ergebnissen der schöpferischen Tätigkeit der Urheber die breitesten Massen des werktätigen Volkes teilnehmen und

daß somit die Werke der Urheber zu einem wirksamen Instrument des Aufbaues der sozialistischen Gesellschaft werden.

ERSTER TEIL

DER URHEBER UND DAS WERK

Das Werk

§ 2. — (1) Gegenstand des Urheberrechtes sind Werke der Literatur, der Wissenschaft und der Kunst, die das Ergebnis einer schöpferischen Tätigkeit des Urhebers sind.

(2) Es sind dies insbesondere:

a) Schriftwerke, mögen sie mittels Wortes, Schrift, Druck oder mittels eines anderen mechanischen Verfahrens zum Ausdruck gebracht worden sein,

*) Das neue Urheberrechtsgesetz ist am 1. Januar 1954 in Kraft getreten. Das Berner Büro hat eine französische Übersetzung im „Droit d'Auteur" 1954, S. 179 ff., 198 ff. gebracht. Ein Abdruck davon erschien in der „Revue Internationale du Droit d'Auteur" VII, S. 153; in der gleichen Zeitschrift nahm Jean Vilbois unter dem Titel „La Nouvelle législation tschécoslovaque" (aaO. S. 23 ff.) Stellung. Ein deutschsprachiger Text war bisher nicht verfügbar. Die jetzt vorgelegte Übertragung geht auf die tschechische Originalfassung des Gesetzes zurück.

b) dramatische und musik-dramatische, choreographische und pantomimische Werke,

c) Werke der Tonkunst,

d) Werke der bildenden Künste, einschließlich der Werke der Architekten und der Werke der angewandten Kunst,

e) Filmwerke,

f) Werke der Photographie.

§ 3. — (1) Gegenstand des Urheberrechtes sind weder Rechtsvorschriften und Entscheidungen, noch öffentliche Urkunden und Amtsakten, noch die bei Verhandlung öffentlicher Angelegenheiten gehaltenen Reden.

(2) Zu einer Sammelausgabe solcher Reden bedarf es jedoch der Zustimmung desjenigen, der sie gehalten hat.

Bearbeitung des Werkes

§ 4. — (1) Gegenstand des Urheberrechtes sind auch Werke, die auf Grund einer schöpferischen Bearbeitung des Werkes eines anderen entstanden sind.

(2) Urheber einer Bearbeitung ist derjenige, aus dessen Tätigkeit die Eigenart der Barbeitung hervorgegangen ist.

§ 5. — Als Bearbeitung eines literarischen Werkes wird auch die Übersetzung eines solchen Werkes in eine andere Sprache betrachtet.

Kollektivwerke

Sammelwerke

§ 6 — (1) Sammelbücher, Anthologien[1]) und ähnliche Sammelwerke sind Gegenstand des Urheberrechtes, wenn deren Zusammenstellung oder Auswahl Ergebnis einer schöpferischen Tätigkeit des Veranstalters ist.

(2) Das Urheberrecht an einem Sammelwerk als Ganzem steht dem Veranstalter zu und hindert nicht die Urheber der darin eingereihten Werke, ihre Werke auch auf eine andere Art zu verbreiten, falls mit dem Veranstalter nichts anderes vereinbart wurde.

§ 7. — (1) Bei den von Behörden, Organen, Institutionen oder Organisationen herausgegebenen Sammelbüchern und Zeitschriften stehen die Befugnisse aus dem Urheberrecht (§ 15) diesen Herausgebern zu.

(2) Urheberrechte an einzelnen in solche Publikationen eingereihten Werken bleiben unberührt.

Verbundene Werke

§ 8. — (1) Werden Werke zu einem Werk verbunden, so bleiben die Urheberrechte an dessen Komponenten unberührt.

(2) Zur Aufführung eines Werkes der Tonkunst mit Text genügt die Einwilligung des Urhebers des musikalischen Teiles.

Filmwerke

§ 9. — (1) Am Filmwerk oder an einem auf eine ähnliche Art geschaffenen Werke stehen die Befugnisse aus dem Urheberrecht dem Hersteller zu.

---

[1]) Bemerkung des Übersetzers: Im tschechischen Text hat der Gesetzgeber das Wort „pásmo" gewählt, für welches es kein gleich umfassendes deutsches Wort gibt. Der Übersetzer wählte den Ausdruck „Anthologien", es fallen jedoch unter diesen Begriff nicht nur Schriftwerke, sondern auch Bild- und Hörfolgen.

(2) Rechte der Urheber der literarischen Vorlage, des Filmromans und des literarischen Drehbuches sowie die Rechte der Urheber der literarischen, musikalischen und photographischen Komponente des Filmwerkes und dessen Komponente der bildenden Kunst, insbesondere auch ihre Rechte auf Urheberhonorare, bleiben unberührt.

Werke von Miturhebern

§ 10 — (1) An gemeinsam von mehreren Personen geschaffenen Werken, bei denen die Ergebnisse ihres Schaffens, auch soweit sie unterschieden werden können, ein unteilbares Ganzes darstellen, steht das Urheberrecht allen Miturhebern gemeinsam und ungeteilt zu.

(2) Eingriffe in das gemeinsame Urheberrecht können jedoch von jedem Miturheber selbständig verfolgt werden.

Anonyme und pseudonyme Werke

§ 11. — (1) Solange sich der Urheber eines Werkes, das ohne Angabe des wahren Namens des Urhebers oder mit einem Decknamen veröffentlicht wurde, öffentlich nicht erklärt hat (anonyme und pseudonyme Werke), können die dem Urheber zustehenden Rechte von demjenigen, der das Werk zum ersten Mal berechtigterweise an die Öffentlichkeit gebracht oder herausgegeben hat, und, solange dies der Urheber nicht tut, seitens der Urheberschutzorganisation geltend gemacht werden.

(2) Eine öffentliche Erklärung ist nicht erforderlich, falls der wahre Name des Urhebers allgemein bekannt ist.

Veröffentlichung des Werkes und dessen Herausgabe

§ 12. — Ein Werk wird als an dem Tage veröffentlicht betrachtet, an welchem es zum ersten Mal berechtigterweise öffentlich vorgetragen, aufgeführt, vorgeführt, ausgestellt oder auf andere Weise an die Öffentlichkeit gebracht oder herausgegeben wurde.

§ 13. — (1) Ein Werk wird als an dem Tage herausgegeben betrachtet, an welchem mit dem öffentlichen Vertrieb seiner Vervielfältigungen berechtigterweise begonnen wurde.

(2) Der Ort, wo dies geschehen ist, ist der Ort der Herausgabe des Werkes.

(3) Ein Werk, welches gleichzeitig auf dem Gebiete der Tschechoslowakischen Republik und anderswo herausgegeben wurde, wird als ein in der Tschechoslowakischen Republik herausgegebenes Werk betrachtet.

ZWEITER TEIL

URHEBERRECHT

Erster Abschnitt. Inhalt des Urheberrechtes

Allgemeine Bestimmungen

§ 14. — (1) Das Urheberrecht an einem Werk entsteht, sobald das Werk mittels Wortes oder in der Form eines Manuskripts, einer Aufzeichnung, Skizze oder in irgendeiner anderen Form zum Ausdruck gebracht wird.

(2) Das Urheberrecht bezieht sich nicht nur auf das ganze Werk, sondern auch auf dessen Teile.

§ 15. — Das Urheberrecht umfaßt:

a) Das Recht auf den Schutz persönlicher Rechte des Urhebers, insbesondere auf den Schutz der Urheberschaft und der Unversehrtheit des Werkes (§§ 62, 63),

b) das Recht, über das Werk zu verfügen und

c) das Recht auf die Urheberhonorare (§§ 23, 24).

Benützung eines fremden Werkes

§ 16. — Die Berechtigung, ein fremdes Werk zu veröffentlichen, insbesondere es herauszugeben oder auf eine andere Art zu benützen, wird, sofern sie nicht unmittelbar durch das Gesetz erteilt wird, entweder mittels Einwilligung des Urhebers oder mittels behördlicher Einwilligung erworben.

1. Durch das Gesetz erlaubte Benützung

§ 17. — (1) Keinen Eingriff in das Urheberrecht begeht, wer:

a) ein fremdes Sujet zur Schaffung eines Originalwerkes benützt; ein fremdes Werk selbst (§§ 4, 5) zu bearbeiten, ist jedoch nur mit Einwilligung des Urhebers zulässig;

b) Vervielfältigungen oder Nachbildungen eines veröffentlichten Werkes zum eigenen Gebrauch herstellt. Vorausgesetzt, daß er diese, falls es sich um ein Werk der bildenden Künste handelt, deutlich als Vervielfältigungen oder Nachbildungen bezeichnet, und daß es sich nicht um eine Vervielfältigung oder Nachbildung eines Werkes der Architektur mittels Baues oder mittels einer anderen Ausführung handelt;

c) unselbständige Teile eines herausgegebenen Werkes mit Angabe des Urhebers und des Werkes zitiert;

d) in ein wissenschaftliches oder kritisches Werk in dem zur Erläuterung des Textes benötigten Umfange einzelne Teile herausgegebener Werke oder auch einzelne kleinere herausgegebene Werke oder Vervielfältigungen oder Nachbildungen von Werken oder deren Teilen einfügt, falls er den Urheber und das Werk angibt, oder wer eine solche Einfügung in Lehrbücher oder Lehrhilfsmittel vornimmt, falls dies in einem begründeten Umfange und mit Angabe des Urhebers und des Werkes geschieht;

e) ein herausgegebenes Werk bei einem selbständigen Vortrag oder bei einer öffentlichen Aufführung ausschließlich zu Lehr- oder Bildungszwecken benützt, wenn er den Urheber und das Werk anführt und wenn den Teilnehmern freier Zutritt gewährt wird;

f) in einer periodischen Publikation Artikel von aktueller Bedeutung über wirtschaftliche oder politische Fragen, die in anderen Zeitschriften bereits veröffentlicht wurden, abdruckt, wenn er den Urheber und die Quelle angibt; ein solcher Abdruck ist jedoch dann nicht zulässig, falls dies ausdrücklich verboten wurde;

g) den zu einem Tonwerk gehörigen Text zum Zwecke einer nicht-theatermäßigen Aufführung eines Tonwerkes abdruckt, falls er den Urheber des Textes angibt;

h) ein Werk der bildenden Künste, das sich an einem öffentlichen Orte befindet, auf einem anderen Gebiete der bildenden Künste nachbildet; Photographien eines solchen Werkes dürfen auch vervielfältigt werden, jedoch nur dann, wenn es sich um ein photographisches Werk oder um Photographien zu Filmzwecken handelt;

ch) in dem Katalog einer öffentlichen Sammlung oder Ausstellung ein Werk der bildenden Künste abdruckt, wenn das Werk in eine solche Sammlung oder Ausstellung eingereiht worden ist;

i) ein in seinem Eigentum befindliches Werk der bildenden Künste unentgeltlich öffentlich ausstellt;

j) ein photographisches Werk, welches sein Porträt darstellt und von ihm gegen Entgelt bestellt wurde, zum eigenen persönlichen Gebrauch oder zu Geschenkzwecken vervielfältigt oder vervielfältigen läßt.

(2) Keinen Eingriff in das Urheberrecht begehen Unternehmen zur Sendung von Werken durch Rundfunk und Fernsehen, oder Unternehmen, Institutionen, Organisationen oder Einrichtungen zur Vorführung von Filmen (im folgenden nur „Unternehmen zur Vorführung von Filmen" genannt), wenn sie in einer Rundfunk-, Fernseh- oder Filmreportage auch das bei der Begebenheit, die Gegenstand der Reportage ist, vorgeführte Werk senden oder vorführen.

§ 18. — Unternehmen zur Sendung von Werken durch Rundfunk und Fernsehen dürfen die bereits veröffentlichten Werke senden, falls sie den Urheber und das Werk angeben und dem Urheber für jede Sendung ein Honorar zahlen.

§ 19. — (1) Ein Werk, welches der Urheber in einer wissenschaftlichen Institution oder auf deren Arbeitsplatz bei Erfüllung seiner sich aus dem Arbeitsverhältnis ergebenden Verpflichtung geschaffen hat, kann diese Institution ohne Einwilligung des Urhebers und ohne Zahlung eines Honorars an ihn als Material zur Erfüllung der ihr auferlegten Aufgaben benützen und zu diesem Zwecke das Werk in dem Umfange des eigenen, unvermeidlichen Bedarfes vervielfältigen, wenn die Vervielfältigungen unentgeltlich verteilt werden.

(2) Ein solches Werk herauszugeben, ist die Institution nur innerhalb eines Zeitraumes von zwei Jahren berechtigt, gerechnet von dem Tage, an welchem ihr das Werk übergeben wurde, und dies auch nur dann, wenn dem Urheber ein Honorar gezahlt wird.

(3) Solange die vorerwähnte zweijährige Frist nicht abgelaufen ist, kann der Urheber sein Recht zur Herausgabe des Werkes nur mit Zustimmung der Institution einem Dritten übertragen.

(4) Die Institution kann verlangen, daß bei der Herausgabe des Werkes, wann immer auch die Herausgabe geschieht, ihr Name angegeben wird.

§ 20. — (1) Behörden, Organe, Institutionen, Organisationen und Unternehmen können ein Werk, welches der Urheber auf deren Arbeitsplatz bei Erfüllung seiner sich aus dem Arbeitsverhältnis ergebenden Verpflichtung geschaffen hat, ohne Einwilligung des Urhebers zur Erfüllung eigener Aufgaben benützen.

(2) Der Anspruch auf Urheberhonorare bleibt dadurch unberührt.

2. Mit Einwilligung des Urhebers erfolgte Benützung

§ 21. — (1) Soweit die Berechtigung, ein fremdes Werk zu benützen, nicht unmittelbar durch das Gesetz gewährt wird (§§ 17 bis 20), darf das Werk nur mit Einwilligung des Urhebers benützt werden.

(2) Die Einwilligung zur Benützung des Werkes erteilt der Urheber insbesondere durch Verträge über die Verbreitung des Werkes (§§ 28 bis 56).

3. Mit behördlicher Einwilligung erfolgte Benützung

§ 22. — (1) Wenn es nicht gut möglich ist, die Einwilligung zur Benützung des Werkes von einem Urheber, der tschechoslowakischer Staatsbürger ist, zu verschaffen oder wenn ein solcher Urheber ohne schwerwiegende Gründe diese Einwilligung verweigert, kann seine Einwilligung durch eine Entscheidung des Ministeriums für Kultur ersetzt werden.

(2) Der Anspruch auf Urheberhonorare bleibt dadurch unberührt.

Urheberhonorare

§ 23. — Urheberhonorare (insbesondere Honorare für die Aufführung oder für eine andere Benützung des Werkes) und die Art ihrer Entrichtung können durch Kundmachung des Ministeriums für Kultur geregelt werden; die Richtlinien werden von der Regierung herausgegeben.

(2) Das gleiche gilt für Ansprüche auf Ersatz des dem Urheber entgangenen Honorars (§§ 43, 44, 51, 54).

§ 24. — Soweit Honorare oder Ersatzansprüche durch Kundmachung geregelt sind, kann das Honorar oder der Ersatz nur im Rahmen dieser Regelung festgelegt werden.

Zweiter Abschnitt. Übergang von Vermögensrechten des Urhebers

Allgemeine Bestimmungen

§ 25. — (1) Die Vermögensrechte des Urhebers gehen auf die Erben über.

(2) Wenn keine Erben eines Miturhebers vorhanden sind, wächst sein Anteil den übrigen Miturhebern zu.

§ 26. — (1) Der Urheber kann die Gesamtheit seiner Vermögensrechte oder einzelne von ihnen nur auf Institutionen, Organisationen, Unternehmen und Einrichtungen übertragen, die befugt sind, die Werke an die Öffentlichkeit zu bringen. Das gleiche gilt für die Übertragung von geerbten Vermögensrechten der Urheber, sofern die Übertragung nicht im Wege eines Vertrages über die Verteilung der Erbschaft erfolgt.

(2) Die Übertragung dieser Rechte des Urhebers ins Ausland erfolgt durch Vermittlung einer Urheberschutzorganisation.

§ 27. — Erlischt eine juristische Person, auf welche ein Vermögensrecht des Urhebers übertragen wurde, vor Ablauf der Schutzdauer, ohne daß sie einen Rechtsnachfolger hätte, so fällt das übertragene Recht wieder an den Urheber zurück.

Verträge über die Verbreitung von Werken

§ 28. — (1) Ein Vertrag über die Verbreitung eines Werkes ist schriftlich abzuschließen, und es sind darin Art und Umfang der Verbreitung, der Zeitpunkt für den Beginn der Verbreitung, das Urheberhonorar, die Teilnahme des Urhebers an der Verbreitung des Werkes und die Vertragsdauer festzulegen.

(2) Die Bestimmung der Vertragsdauer kann durch Angabe der Zahl der Ausgaben des Werkes oder seiner anderweitigen Verbreitung ersetzt werden.

§ 29. — Gegenstand eines Vertrages über die Verbreitung des Werkes kann auch ein Werk sein, welches erst geschaffen werden soll.

§ 30. — (1) Der Urheber ist verpflichtet, das Werk dem Verbreiter rechtzeitig und in einer solchen Form zu übergeben, daß das Werk ohne Schwierigkeiten verbreitet werden kann.

(2) Liefert oder überläßt der Urheber das Material zur Verbreitung des Werkes, so ist das Entgelt für die Lieferung oder Überlassung des Materials in dem Urheberhonorar nicht einbeschlossen.

§ 31. — (1) Der Inhalt der Verträge über die Verbreitung von Werken kann durch Kundmachungen des Ministeriums für Kultur geregelt werden.

(2) Die sich aus dem Gesetze oder aus dem durch eine Kundmachung festgelegten Inhalt des Vertrages ergebenden Rechte des Urhebers können durch Vereinbarung der Parteien weder ausgeschlossen, noch beschränkt werden.

§ 32. — Für Vertragsparteien, auf welche sich ein vom Ministerium für Kultur genehmigter Kollektivvertrag über die Verbreitung von Werken erstreckt, bilden die Bestimmungen des Kollektivvertrages den Inhalt des Einzelvertrages, und der Einzelvertrag darf von dem Kollektivvertrag nicht abweichen.

§ 33. — Die auf Grund eines Vertrages über die Verbreitung eines Werkes erworbenen Rechte können nur mit Einwilligung des Urhebers weiter übertragen werden.

§ 34. — Verträge über die Verbreitung von Werken sind insbesondere der Verlagsvertrag, der Vertrag über die theatermäßige Aufführung eines Werkes, der Szenarvertrag[1]), der Vertrag über die Vorführung eines Filmwerkes, der Vertrag zur Sendung eines Werkes durch Rundfunk und Fernsehen und der Vertrag über die Übertragung eines Werkes auf einen Tonträger oder auf ähnliche Vorrichtungen.

1. Verlagsvertrag

§ 35. — Durch den Verlagsvertrag überträgt der Urheber auf den Verleger das Recht, ein literarisches Werk, ein musik-dramatisches oder musikalisches Werk, ein Werk der bildenden Künste oder ein photographisches Werk herauszugeben, und der Verleger verpflichtet sich, das Werk auf eigene Rechnung herauszugeben, die Vorkehrungen zu seiner Verbreitung zu treffen und dem Urheber ein Honorar zu zahlen.

§ 36. — (1) Der Urheber ist berechtigt, die Urheberkorrektur seines Werkes vorzunehmen.

(2) Kleinere vom Urheber vorgenommene Abänderungen sowie auch Revisionen und Korrekturen der Redaktion gehen auf Rechnung des Verlegers.

---

[1]) Der tschechische Gesetzestext spricht von „Szenar"-Vertrag. Dieser Ausdruck wurde für die vorliegende Übersetzung beibehalten, da es nicht Aufgabe des Übersetzers sein kann, Gesetzesformulierungen zu ändern. Rechtsbegrifflich gemeint ist aber: Verfilmungsvertrag.

§ 37. — Wird es dem Urheber nicht ermöglicht, die Urheberkorrektur des Werkes vorzunehmen, oder wird das Werk nicht in der festgelegten Frist herausgegeben, so kann der Urheber von dem Vertrag zurücktreten und die Rückgabe des Werkes verlangen; sein Anspruch auf Honorar wird dadurch nicht berührt.

§ 38. — Während der Dauer der durch den Verlagsvertrag entstandenen Beziehungen ist niemand ohne Einwilligung des Verlegers berechtigt, das Werk auf eine andere Art als in einer Sammelausgabe von Werken des Urhebers oder in einer periodischen Publikation herauszugeben.

§ 39. — Der Verleger kann von dem Vertrage zurücktreten und die Rückerstattung der an den Urheber bereits geleisteten Zahlungen verlangen, wenn ihm der Urheber das Werk ohne schwerwiegenden Grund nicht rechtzeitig und ordnungsgemäß übergibt.

§ 40. — Ist das Werk vor Ablauf der Vertragsdauer vergriffen, so kann der Urheber, auch wenn eine weitere Ausgabe nicht vereinbart wurde, verlangen, daß der Verleger das Werk von neuem herausgibt. Wird danach der Vertrag über eine neue Ausgabe nicht binnen sechs Monaten abgeschlossen, so steht es dem Urheber frei, mit einem anderen Verleger einen Vertrag abzuschließen.

2. Vertrag über die theatermäßige Aufführung

§ 41. — Durch den Vertrag über eine theatermäßige Aufführung eines Werkes überträgt der Urheber eines dramatischen, musik-dramatischen, choreographischen oder pantomimischen Werkes und der Urheber der musikalischen Komponente oder der Komponente der bildenden Kunst eines Werkes auf das Theater oder auf eine andere Organisation (im folgenden nur „Theater" genannt) das Recht, das Werk öffentlich aufzuführen, und das Theater verpflichtet sich, die Aufführung auf eigene Rechnung zu verwirklichen und dem Urheber ein Aufführungshonorar zu zahlen.

§ 42. — Der Vertrag über die theatermäßige Aufführung eines Werkes hindert den Urheber nicht, einen solchen Vertrag über dasselbe Werk mit einem Theater an einem anderen Orte abzuschließen.

§ 43. — (1) Das Theater ist verpflichtet, falls eine kürzere Frist nicht vereinbart wird, die erste Vorstellung spätestens innerhalb 18 Monaten zu veranstalten, gerechnet von dem Tage, an welchem ihm das Werk übergeben wurde.

(2) Wenn die erste Vorstellung nicht in der festgelegten Frist veranstaltet wird, kann der Urheber von dem Vertrage zurücktreten; für das entgangene Aufführungshonorar steht dem Urheber ein Esatzanspruch zu.

§ 44. — Der Urheber kann auch dann von dem Vertrage zurücktreten und Ersatz für das entgangene Aufführungshonorar verlangen, wenn das Werk auf eine den Wert des Werkes herabsetzende Weise vorgeführt oder aufgeführt wird.

§ 45. — Der Urheber darf sich Abänderungen, die zur Aufführung des Werkes erforderlich sind und zu welchen die Zustimmung nicht gut abgelehnt werden kann, nicht widersetzen.

3. Szenarvertrag und Vertrag über die Vorführung eines Filmwerkes[1])

§ 46. — Durch den Szenarvertrag überträgt der Urheber einer literarischen Vorlage, eines Filmromanes, eines literarischen Drehbuches, eines Werkes der Tonkunst, eines Werkes der bildenden Künste und eines photographischen Werkes auf den Filmhersteller das Recht, diese Werke zur Schaffung eines Filmwerkes zu benützen (Verfilmungsrecht), und der Filmhersteller verpflichtet sich, den Urhebern für die Benützung ihrer Werke Honorare zu zahlen.

§ 47. — (1) Ein Szenarvertrag kann längstens auf die Dauer von fünf Jahren abgeschlossen werden.

(2) Während der Dauer der durch den Szenarvertrag entstandenen Beziehungen kann der Urheber einen solchen Vertrag über dasselbe Werk mit einem anderen Hersteller nur mit Einwilligung des Herstellers abschließen, mit welchem er den Vertrag zuvor abgeschlossen hat.

§ 48. — Wird der Film nicht binnen drei Jahren hergestellt, gerechnet von dem Tage, an welchem der Szenarvertrag abgeschlossen wurde, so kann der Urheber von dem Vertrag zurücktreten; sein Anspruch auf Honorar bleibt dadurch unberührt.

§ 49. — Durch den Vertrag über die Vorführung eines Filmwerkes übertragen die Urheber der einzelnen Komponenten dieses Werkes das Recht zur öffentlichen Vorführung des Werkes, und das Unternehmen zur Vorführung von Filmen verpflichtet sich, den Urhebern ein Honorar für die öffentliche Vorführung des Filmes zu zahlen.

4. Vertrag zur Sendung eines Werkes durch Rundfunk oder Fernsehen

§ 50 — Durch den Vertrag zur Sendung eines Werkes durch Rundfunk oder Fernsehen überträgt der Urheber eines nicht-veröffentlichten Werkes auf ein solches Unternehmen das Recht, das Werk zu senden, und das Unternehmen verpflichtet sich, dem Urheber ein Honorar für jede Sendung zu zahlen.

§ 51. — Verwirklicht das Unternehmen zur Sendung von Werken durch Rundfunk und Fernsehen die Sendung des Werkes nicht innerhalb von 6 Monaten, gerechnet von dem Tage, an welchem ihm das Werk übergeben wurde, so kann der Urheber von dem Vertrage zurücktreten; für das entgangene Honorar steht dem Urheber ein Ersatzanspruch zu.

§ 52. — Der Urheber kann über dasselbe Werk mehrere Verträge zur Sendung des Werkes durch Rundfunk oder Fernsehen abschließen, sofern es sich um Sendungen von verschiedenen Orten aus handelt.

5. Vertrag über die Übertragung eines Werkes auf einen Tonträger oder auf ähnliche Vorrichtungen

§ 53. — Durch den Vertrag über die Übertragung eines Werkes auf einen Tonträger oder auf ähnliche Vorrichtungen (im folgenden nur „Aufnahmen" genannt) überträgt der Urheber des Werkes auf das sich mit deren Herstellung beschäftigende Unternehmen das Recht, das Werk in einer dauerhaften Form aufzunehmen, die Aufnahmen herzustellen und in Vertrieb zu bringen, und das Unternehmen verpflichtet sich, dem Urheber ein Honorar zu zahlen.

§ 54. — Bringt das Unternehmen die Aufnahmen nicht innerhalb eines

---

[1]) Siehe Anmerkung auf S. 51.

Jahres in Vertrieb, gerechnet von dem Tage, an welchem der Vertrag abgeschlossen wurde, so kann der Urheber von dem Vertrage zurücktreten; für das entgangene Honorar steht dem Urheber ein Ersatzanspruch zu.

6. Übrige Verträge über die öffentliche Aufführung eines Werkes

§ 55. — Auf Verträge über die öffentliche Aufführung eines Werkes der Tonkunst, über den öffentlichen Vortrag eines literarischen Werkes und über die Ausstellung eines Werkes der bildenden Künste oder eines photographischen Werkes sind die Bestimmungen über die theatermäßige Aufführung eines Werkes sinngemäß anzuwenden.

§ 56. — (1) Der Urheber kann über dasselbe Werk auch mehrere solcher Verträge abschließen und dies auch hinsichtlich der öffentlichen Aufführung des Werkes an ein und demselben Orte.

(2) Handelt es sich nur um eine einzelne öffentliche Aufführung eines Werkes, so brauchen solche Verträge nicht schriftlich abgeschlossen zu werden.

Zwangsvollstreckung

§ 57. — Die Zwangsvollstreckung kann nur in vermögensrechtliche Befugnisse des Urheberrechts betrieben werden.

§ 58. — (1) Die Pfändung des Anspruchs auf Urheberhonorar wird, wenn es sich um den Anspruch des Urhebers selbst handelt, nur bis zur Höhe eines Fünftels der Forderung des Schuldners durchgeführt; das Gericht kann auf Antrag des betreibenden Gläubigers und nach Anhörung des Schuldners die Pfändung eines weiteren Teiles bis zur Höhe eines weiteren Fünftels aussprechen, falls dies mit Rücksicht auf den Charakter der einzutreibenden Forderung erforderlich und mit Rücksicht auf die wirtschaftlichen Verhältnisse des Schuldners möglich ist.

(2) Das gleiche gilt über die Pfändung des Anspruchs des Urhebers auf Ersatz für entgangenes Honorar (§§ 43, 44, 51, 54).

§ 59. — (1) Bei einer Zwangsvollstreckung in das Honorar des Urhebers (oder den Ersatz für entgangenes Honorar) werden Unterhaltsansprüche vor den übrigen Forderungen ohne Rücksicht auf die Zeit der Pfändung befriedigt. Kommt es zur Pfändung für mehrere solcher Forderungen und genügt die gepfändete Forderung nicht zu deren Befriedigung, so erfolgt die Befriedigung nach dem Verhältnis der Beträge des laufenden Unterhalts.

(2) Bei einer solchen Zwangsvollstreckung für sich wiederholende Zahlungen gilt die einmal durchgeführte Pfändung auch für Zahlungen, die in der Zukunft fällig werden.

§ 60. — Vorstehende Bestimmungen über die Zwangsvollstreckung in das Honorar des Urhebers (oder den Ersatz für entgangenes Honorar) sind sinngemäß auch auf einstweilige Verfügungen anzuwenden.

Dritter Abschnitt. Schutz des Urheberrechtes

Umfang des Schutzes

§ 61. — (1) An Werken von Urhebern, die tschechoslowakische Staatsbürger sind, wird das Urheberrecht ohne Rücksicht darauf zuerkannt, ob und wo sie veröffentlicht wurden.

(2) An Werken, die zum erstenmal in der Tschechoslowakischen Republik herausgegeben wurden, wird das Urheberrecht auch dann zuerkannt, wenn der Urheber fremder Staatsbürger ist.

(3) An Werken fremder Staatsbürger, die im Ausland veröffentlicht wurden, oder die dort in irgendeiner Form zum Ausdruck gebracht worden sind, wird das Urheberrecht nach den internationalen Verträgen und, mangels solcher, im Rahmen der garantierten Reziprozität zuerkannt.

Schutz der persönlichen Rechte des Urhebers

§ 62. — Gegen persönliche Rechte des Urhebers verstößt insbesondere derjenige, der

a) sich die Urheberschaft, insbesondere den Namen oder das Pseudonym des Urhebers, zueignet oder dessen Namen (oder Pseudonym) bei der Veröffentlichung des Werkes verschweigt;

b) gegen den Willen des Urhebers dessen Namen auf dem Werk angibt, oder auf eine andere Weise dessen Urheberschaft offenlegt;

c) in seinem Werk den Urheber oder die Quelle, aus welcher er geschöpft hat, nicht angibt, oder den Urheber oder die Quelle unrichtig angibt;

d) ein Werk, welches der Urheber nicht zur Veröffentlichung bestimmt hat, veröffentlicht;

e) an dem Werk ohne Einwilligung des Urhebers Abänderungen vornimmt;

f) das Werk auf eine Art benützt, durch welche es verstümmelt oder im Werte herabgesetzt wird.

§ 63. — (1) Der Urheber, dessen persönliche Rechte verletzt wurden, kann insbesondere verlangen, daß anerkannt wird, daß ihm diese Rechte zustehen, daß es untersagt wird, diese weiter zu verletzen und daß die Folgen der Verletzung beseitigt werden.

(2) Nach dem Tode des Urhebers können den Schutz seiner persönlichen Rechte sein Ehegatte und seine Kinder und, mangels solcher, seine Eltern beanspruchen; dieses Recht steht ihnen auch dann zu, wenn die Schutzdauer für die Vermögensrechte des Urhebers abgelaufen ist.

(3) Der Schutz persönlicher Rechte der Urheber kann immer auch von Urheberverbänden und Urheberschutzorganisationen wahrgenommen werden.

Schutz der Vermögensrechte des Urhebers

§ 64. — (1) Der Urheber kann von demjenigen, der seine Vermögensrechte verletzt, verlangen, daß er von der Verletzung Abstand nimmt und ihm die Bereicherung ausfolgt.

(2) Der Schadenersatzanspruch richtet sich nach den Bestimmungen des Bürgerlichen Gesetzbuches.

(3) An Stelle des durch eine unberechtigte Benützung des Werkes entstandenen Schadenersatzes kann ein Ersatz bis zur doppelten Höhe des Honorars verlangt werden, das für eine solche Benützung des Werkes, wenn sie berechtigt wäre, dem Urheber zusteht.

Dauer des Schutzes der Vermögensrechte des Urhebers

§ 65. — (1) Die Schutzfrist für Vermögensrechte des Urhebers (im folgenden nur „Schutzfrist“ genannt) endet nicht, solange der Urheber lebt.

(2) Soweit Vermögensrechte des Urhebers auf die Erben übergegangen sind, dauert die Schutzfrist noch fünfzig Jahre nach dem Tode des Urhebers; bei einem Werk von Miturhebern dauert die Schutzfrist fünfzig Jahre nach dem Tode desjenigen von ihnen, der die anderen überlebt hat.

§ 66. — Bei Sammelwerken und bei Zeitschriften, die von Behörden, Organen, Institutionen oder Organisationen (§ 7) herausgegeben wurden, endet die Schutzfrist mit dem Ablauf von zehn Jahren nach der Veröffentlichung des Werkes.

§ 67. — Wird ein nachgelassenes Werk in den letzten zehn Jahren der Schutzfrist veröffentlicht, so verlängert sich die Schutzfrist auf zehn Jahre nach erfolgter Veröffentlichung des Werkes.

§ 68. — Bei anonymen und pseudonymen Werken (§ 11) endet die Schutzfrist mit dem Ablauf von fünfzig Jahren nach deren Veröffentlichung.

§ 69. — Bei Filmwerken und bei photographischen Werken endet die Schutzfrist mit dem Ablauf von zehn Jahren nach deren Veröffentlichung.

DRITTER TEIL

URHEBERORGANISATIONEN

Urheberverbände

§ 70. — Um den Schutz der allgemeinen Interessen auf dem Gebiete des Urheberrechtes sorgen außer den Staatsorganen auch die Urheberverbände.

Urheberschutzorganisationen

§ 71. — Urheberschutzorganisationen unterstehen unmittelbar dem Ministerium für Kultur.

§ 72. — (1) Durch Entscheidung des Ministeriums für Kultur, die im Amtsblatt zu veröffentlichen ist, kann den Urheberschutzorganisationen das ausschließliche Recht zuerkannt werden,

a) in ihrem Aufgabenbereich Einwilligungen zur Benützung von Werken zu erteilen, insbesondere Verträge über ihre Verbreitung abzuschließen,

b) Urheberhonorare einzuheben,

c) Beiträge für Kulturfonds (§ 75 lit. a, b, c) einzuheben.

(2) Das Ministerium für Kultur kann auch die Verbindlichkeiten der Personen festlegen, die zur Benützung eines Werkes die Einwilligung der Urheberschutzorganisation benötigen, oder die zur Zahlung eines Honorars an dieselbe verpflichtet sind.

VIERTER TEIL

KULTURFONDS

§ 73. — (1) Zur Unterstützung der schöpferischen Tätigkeit auf dem Gebiete der Literatur, der Musik und der bildenden Künste werden Kulturfonds (für Literatur, Musik und bildende Künste) errichtet.

(2) Kulturfonds (im folgenden nur „Fonds" genannt) sind juristische Personen.

§ 74. — (1) Aufgabe der Fonds ist es, den Schriftstellern, den Komponisten und den bildenden Künstlern günstige Bedingungen für eine schöpferische Tätigkeit zu verschaffen und somit zur Entfaltung einer neuen, dem Aufbau des Sozialismus und der kulturellen Hebung des Volkes dienenden Literatur und Kunst beizutragen.

(2) Für die Erfüllung der ihnen anvertrauten Aufgaben sorgen die Fonds insbesondere auch dadurch, daß sie:

a) den Schaffenden insbesondere durch Gewährung von langfristigen Darlehen oder regelmäßigen monatlichen Vorschüssen dazu verhelfen, daß sie sich ausschließlich ihrer schöpferischen Tätigkeit widmen können;
b) ihnen die zur Schaffung eines Werkes erforderlichen Studien, insbesondere durch Erteilung von Stipendien und Reisebeiträgen ermöglichen;
c) für die schöpferische Arbeit Heime und Klubs errichten;
d) Unternehmen betreiben, die zur Erfüllung ihrer Aufgaben von Nutzen sein können;
e) den Schaffenden und ihren Familien im Falle von Krankheit, Invalidität oder des Alters nach Bedarf und Möglichkeit Unterstützungen gewähren.

§ 75. — Die erforderlichen Mittel werden von den Fonds aus folgenden Quellen geschöpft:

a) aus Beiträgen der Empfänger von Urheberhonoraren (§ 76),
b) aus Beiträgen der Verleger und anderer Benützer von Werken (§ 78),
c) aus Beiträgen für die Benützung freier Werke (§ 81),
d) aus dem Ertrag ihres eigenen Vermögens (§ 79),
e) aus den Überschüssen der Unternehmen (§ 74 Abs. 2, Lit. d),
f) aus Spenden, Erbschaften und Vermächtnissen,
g) aus staatlichen Unterstützungen.

§ 76. — Der Beitrag der Empfänger von Urheberhonoraren wird von den Behörden, Organen, Institutionen, Organisationen oder Unternehmen, falls diese die Urheberhonorare zahlen, durch Abzug bei der Auszahlung des Honorars eingehoben; im anderen Falle führt ihn der Empfänger des Urheberhonorars ab.

§ 77. — Die Höhe der Beiträge der Empfänger von Urheberhonoraren sowie der Beiträge für die Benützung von freien Werken wird von der Regierung auf Antrag der Urheberverbände bestimmt; die Regierung wird auch die Verbindlichkeiten der Personen, die verpflichtet sind, die Beiträge für die Kulturfonds abzuführen, sowie auch die Einzelheiten über die Art der Bemessung und Einhebung der Beiträge regeln und kann Ausnahmen von der Beitragspflicht festlegen.

§ 78. — Die Höhe der Beiträge der Verleger und der anderen Benützer von Werken wird der Minister für Kultur im Einvernehmen mit dem Finanzminister festsetzen.

§ 79. — (1) Auf die Fonds wird folgendes Vermögen übergehen:

a) jenes literarischer und musikalischer Vereine und Vereine bildender Künstler, sobald diese Vereine erlöschen;
b) der verbleibenden Fonds, des Zweckvermögens und der Stiftungen, soweit diese zur Unterstützung der Literatur, der Musik, der bildenden Künste und der Schaffenden dieser Gebiete bestimmt wurden und sobald diese erlöschen.

(2) Der Minister für Kultur bestimmt im Einvernehmen mit dem Innenminister, welche von den zu erlöschenden Vereinen literarische, musikalische und Vereine der bildenden Künstler sind, und im Einvernehmen mit dem Finanzminister, welche von den verbleibenden Fonds, Zweckvermögen und Stiftungen zur Unterstützung der Literatur, der Musik, der bildenden Künste oder der Schaffenden dieser Gebiete bestimmt wurden; gleichzeitig bestimmt er auch den Tag, an welchem diese Vereine oder Fonds erloschen sind.

§ 80. — (1) Die Fonds werden von Ausschüssen verwaltet; ihre Mitglieder werden von den Urheberverbänden ernannt.

(2) Für die den Fonds gemeinsamen Angelegenheiten, für Angelegenheiten, deren Verwaltung eines einheitlichen Verfahrens bedarf, sowie auch zum Zwecke der Aufsicht über die Bewirtschaftung der Fonds und um zu gewährleisten, daß bei der Verwendung der finanziellen Mittel die richtige Kulturpolitik betrieben wird, wird ein Koordinierungsausschuß errichtet.

(3) Einzelheiten über die Zusammensetzung der Ausschüsse und des Koordinierungsausschusses werden durch eine von der Regierung festzulegende Organisations- und Geschäftsordnung geregelt.

FÜNFTER TEIL

BENÜTZUNG VON FREIEN WERKEN

§ 81. — Soweit die Vermögensrechte des Urhebers keinen Schutz genießen, insbesondere, weil die Schutzfrist abgelaufen ist, kann jeder das Werk frei benützen (freies Werk), falls er an den Fonds den Beitrag abführt.

§ 82. — (1) Ein freies Werk, welches durch sein hervorragendes Niveau und seine außergewöhnliche Bedeutung die nationale Kultur dauernd bereichert hat, kann die Regierung durch Verordnung zum Kulturellen Vermögen des Volkes erklären.

(2) Die Regierungsverordnung, durch welche das Werk zum Kulturellen Vermögen des Volkes erklärt wird, kann auch die Bedingungen und die Art der Benützung eines solchen Werkes festsetzen.

SECHSTER TEIL

DEM URHEBERRECHT VERWANDTE RECHTE

Erster Abschnitt. Der Schutz von Rechten der ausübenden Künstler

§ 83. — (1) Die Leistung eines Künstlers, der als Solist in der öffentlichen Aufführung eines literarischen oder künstlerischen Werkes wirkt (im folgenden nur „der ausübende Künstler" genannt), kann nur mit Einwilligung des ausübenden Künstlers benützt werden

a) für die mechanische, elektrische oder optische Aufnahme, soweit diese zum Zwecke der Herstellung der zum öffentlichen Vertrieb bestimmten Aufnahmen (§ 53) oder der Herstellung der zur öffentlichen Vorführung bestimmten Filme erfolgt,

b) für die öffentliche Aufführung von Aufnahmen und für die öffentliche Vorführung von Filmen,

c) für die Sendung durch Rundfunk, Fernsehen oder ähnliche Vorrichtungen, sofern die Leistung auf Rechnung von jemandem anderen als von einem Unternehmen zu solcher Verbreitung von Werken erfolgt.

(2) Für die Benützung seiner Leistung steht dem ausübenden Künstler ein Honoraranspruch zu.

§ 84. — (1) Der Einwilligung des ausübenden Künstlers bedarf es nicht

a) zur mechanischen, elektrischen oder optischen Fixierung seiner Leistung, die von einem Unternehmen zur Sendung von Werken durch Rundfunk und Fernsehen mit eigenen Mitteln und für die eigene Sendung vorgenommen wurde,

b) zur Sendung seiner Leistung durch Rundfunk, Fernsehen oder durch eine ähnliche Vorrichtung, soweit diese aus den mit Einwilligung des ausübenden Künstlers angefertigten Aufnahmen oder aus deren Vervielfältigungen erfolgt,

c) zu einer neuen öffentlichen Übertragung seiner durch Rundfunk oder Fernsehen bereits gesendeten Leistungen.

(2) Der Honoraranspruch des ausübenden Künstlers bleibt dadurch unberührt

§ 85. — (1) Die Einwilligung zur Benützung seiner Leistung erteilt der ausübende Künstler insbesondere durch Verträge, die den Verträgen über die Verbreitung von Werken analog sind (§§ 26, 28 ff.).

(2) Der Inhalt der Verträge über die Benützung der Leistung eines ausübenden Künstlers kann durch Kundmachungen des Ministeriums für Kultur festgelegt werden.

§ 86. — Die Honorare der ausübenden Künstler für die Benützung ihrer Werke werden durch Kundmachung des Ministeriums für Kultur bestimmt. Die Richtlinien werden von der Regierung herausgegeben; diese kann auch Ausnahmen von dem Honoraranspruch festlegen.

§ 87. — Das Recht des ausübenden Künstlers, seine Einwilligung zur öffentlichen Übertragung und zur öffentlichen Vorführung seiner fixierten Leistung (§ 83 Abs. 1, lit. b) zu erteilen, und sein Honoraranspruch für eine weitere Benützung seiner Leistung dauern 20 Jahre nach erfolgter Fixierung seiner Leistung.

§ 88. — Das ausschließliche Recht, die Einwilligung zur Benützung von Leistungen zu erteilen und Honorare zugunsten ausübender Künstler einzuheben, kann durch eine im Amtsblatte der Tschechoslowakischen Republik zu verlautbarende Entscheidung des Ministeriums für Kultur einer Organisation der ausübenden Künstler oder einer Urheberschutzorganisation zuerkannt werden.

§ 89. — (1) Das Unternehmen zur Herstellung von Aufnahmen sowie auch das Unternehmen zur Herstellung von Filmen ist verpflichtet, auf jeder Vervielfältigung der Aufnahme oder des Filmes, und das Unternehmen zur Sendung von Werken durch Rundfunk und Fernsehen ist verpflichtet, bei jeder Sendung den Namen (oder das Pseudonym) des ausübenden Künstlers anzugeben.

(2) Auf dieses Recht kann der ausübende Künstler verzichten.

§ 90. — (1) Der ausübende Künstler kann von demjenigen, der seine Leistung unberechtigter Weise benützt, oder der gegen die Verpflichtung, seinen Namen anzugeben, verstößt, oder der seine Leistung auf eine Weise benützt, die sie verstümmelt oder ihren Wert herabsetzt, verlangen, daß er von diesem Verhalten Abstand nimmt und dessen Folgen beseitigt.

(2) Nach dem Tode des ausübenden Künstlers können diesen Schutz sein Ehegatte und seine Kinder, mangels solcher seine Eltern, sowie auch die Organisation der ausübenden Künstler fordern.

§ 91. — (1) Ist der ausübende Künstler tschechoslowakischer Staatsbürger, so sind seine Rechte geschützt, wo immer es auch zur Leistung oder deren Benützung gekommen ist.

(2) Ist der ausübende Künstler fremder Staatsbürger, so steht ihm Schutz gemäß den internationalen Verträgen oder der gewährten Reziprozität zu.

Zweiter Abschnitt. Schutz der Rechte der Unternehmen zur Herstellung von Aufnahmen und der Unternehmen zur Sendung von Werken durch Rundfunk und Fernsehen

Schutz der Rechte der Unternehmen zur Herstellung von Aufnahmen

§ 92. — (1) Die öffentliche Übertragung von Aufnahmen (§ 53) und deren Sendung durch Rundfunk oder Fernsehen ist nur mit Einwilligung des Unternehmens erlaubt, das die Aufnahmen erzeugt hat, und wenn demselben ein Honorar gezahlt wird.

(2) Die Einwilligung des Unternehmens zu einer weiteren öffentlichen Übertragung einer im Rundfunk oder im Fernsehen erfolgten Sendung von Aufnahmen ist nicht erforderlich; es steht dafür auch kein Honoraranspruch zu.

(3) Das Recht des Unternehmens, die Einwilligung zu erteilen und sein Honoraranspruch dauern 10 Jahre, gerechnet von dem Zeitpunkte, da die Aufnahme in Vertrieb gesetzt wurde.

Schutz der Rechte der Unternehmen zur Sendung von Werken durch Rundfunk und Fernsehen

§ 93. — Die Übertragung einer Rundfunk- oder Fernsehsendung (drahtlos sowie durch Draht), deren Fixierung auf Tonträger oder ähnliche Vorrichtungen oder deren öffentliche Vorführung durch Vorrichtungen, die zu Übertragung von Bildern dienen, sind nur mit Einwilligung des Sende-Unternehmens und gegen Zahlung eines Honorars erlaubt.

Gemeinsame Bestimmungen

§ 94. — (1) Honorare der Unternehmen für die Erteilung von Einwilligungen zur Benützung von Aufnahmen und zur Benützung einer Rundfunk- oder Fernsehsendung werden durch eine Kundmachung des Ministeriums für Kultur geregelt. Die Richtlinien werden von der Regierung herausgegeben; die Regierung kann auch Ausnahmen von dem Honoraranspruch festlegen.

(2) Dem Unternehmen, das seinen Sitz im Ausland hat, steht Schutz gemäß den internationalen Verträgen oder der gewährten Reziprozität zu.

Dritter Abschnitt. Persönliche Schriftstücke und Porträts

Persönliche Schriftstücke

§ 95. — Persönliche Briefe, Notizen, Tagebücher und ähnliche Schriftstücke persönlichen Charakters können, wenn sie auch keine Werke im Sinne dieses Gesetzes sind, nur mit Einwilligung des Schreibers und, wenn es um einen Brief geht, auch mit Einwilligung des Empfängers veröffentlicht, insbesondere herausgegeben oder auf eine andere Art benützt werden. Nach dem Tode des Schreibers (oder Empfängers) ist die Einwilligung des hinterbliebenen Ehegatten und der Kinder des Verstorbenen und, mangels solcher, seiner Eltern erforderlich.

Porträts

§ 96. — (1) Porträts und deren Vervielfältigungen können nur mit Einwilligung des Abgebildeten benützt werden; lebt derselbe nicht mehr, so können sie nur mit Einwilligung des hinterbliebenen Ehegatten und der Kinder des Verstorbenen und, mangels solcher, mit Einwilligung seiner Eltern benützt werden.

(2) Einer Einwilligung bedarf es nicht, wenn ein Porträt zu einer Berichterstattung oder zu wissenschaftlichen oder künstlerischen Zwecken benützt wird. Auch hier sind jedoch die schutzwürdigen Interessen zu schonen.

(3) Die Benützung von Porträts zu Amtszwecken bleibt durch diese Bestimmungen unberührt.

SIEBENTER TEIL

UBERGANG DES WERKES UND SEIN SCHUTZ

Übergang des Werkes

§ 97. — Wer das Eigentum eines Werkes erwirbt, erwirbt keine Vermögensrechte des Urhebers, es sei denn, daß etwas anderes vereinbart wurde.

§ 98. — (1) Der Urheber, der das Eigentum seines Werkes gegen Entgelt übertragen hat, kann von dessen Erwerber, der das Werk während des Schutzes mit übermäßigem Gewinn veräußert, eine angemessene Abfindung verlangen. Nach dem Tode des Urhebers können diesen Anspruch der hinterbliebene Ehegatte und die Kinder des Verstorbenen und, mangels solcher, seine Eltern geltend machen.

(2) Auf diesen Anspruch kann nicht verzichtet werden.

Schutz des Werkes

§ 99. — (1) Erfordert es der Schutz eines für kulturelle Bedürfnisse des Volkes bedeutungsvollen Werkes, so kann das Gericht auf Antrag des Ministeriums für Kultur die den Erfordernissen des Schutzes und dem Charakter des Werkes angemessenen Maßnahmen treffen.

(2) Im übrigen gelten für die Zuständigkeit des Gerichtes und für das Verfahren die allgemeinen Bestimmungen über einstweilige Verfügungen.

ACHTER TEIL

UBERGANGS- UND SCHLUSSBESTIMMUNGEN

§ 100. — Die Bestimmungen dieses Gesetzes gelten auch für Werke, die vor dem 1. Januar 1954 veröffentlicht wurden.

§ 101. — Werke, die nach den bisher geltenden Vorschriften in das Urheberregister eingetragen wurden, werden als mit Angabe des wahren Namens des Urhebers erschienene Werke betrachtet. Dasselbe gilt, wenn sich der Urheber eines anonymen oder pseudonymen Werkes vor Ablauf der Schutzfrist öffentlich erklärt.

§ 102. — Stirbt eine physische Person, der vor dem 1. Januar 1954 Vermögensrechte des Urhebers übertragen wurden, vor Ablauf der Schutzfrist ohne Erben, so fällt das übertragene Recht wieder an den Urheber zurück.

§ 103. — Vereinbarungen, durch welche vor dem 1. Januar 1954 Vermögensrechte des Urhebers übertragen wurden, können, falls die Vereinbarungen den Grundsätzen dieses Gesetzes widersprechen und falls dies das öffentliche Interesse erfordert, durch Entscheidung des Ministeriums für Kultur die Rechtsfolgen entzogen werden.

§ 104. — Wurde vor dem 1. Januar 1954 das Recht zur Benützung eines Werkes gegen ein unangemessen niedriges Honorar vereinbart, so kann der Urheber künftig für die Benützung des Werkes ein Honorar im Rahmen der auf Grund dieses Gesetzes festgelegten Honorarregelung verlangen.

§ 105. — (1) Soweit sich aus den Bestimmungen dieses Gesetzes nichts Abweichendes ergibt, richten sich die darin geregelten Rechtsverhältnisse, insbesondere die Verhältnisse aus den Verträgen über die Verbreitung von Werken, nach den Bestimmungen des Bürgerlichen Gesetzbuches.

(2) Übergangsvorschriften des Bürgerlichen Gesetzbuches über die Berechnung von Fristen (§ 566) gelten hier mit der Bestimmung, daß der Beginn einer neu festgelegten, kürzeren Frist, insbesondere einer kürzeren Verjährungsfrist, ab 1. Januar 1954 berechnet wird.

§ 106. — Verstöße gegen die Rechte der ausübenden Künstler (§§ 83 ff.) werden als Verstöße gegen die Urheberrechte bestraft.

§ 107. — Die Schutzfrist für Vermögensrechte des Urhebers (§§ 65 bis 69) sowie auch die Schutzfrist der Rechte der ausübenden Künstler (§ 87) und der Rechte der Unternehmen zur Herstellung von Aufnahmen (§ 92 Abs. 3) endet immer erst mit dem letzten Tage des Kalenderjahres.

§ 108. — (1) Bestimmt das Gesetz nichts anderes und ergibt sich auch aus der Natur der Sache, insbesondere aus der Unübertragbarkeit von persönlichen Rechten des Urhebers, nichts anderes, so gelten die für den Urheber festgelegten Bestimmungen auch für seine Erben und anderen Rechtsnachfolger.

(2) Dasselbe gilt sinngemäß hinsichtlich der für den ausübenden Künstler festgelegten Bestimmungen.

§ 109. — Soweit die, dem Ministerium für Kultur durch die Bestimmungen der §§ 22, 23, 31 Abs. 1, 32, 85 Abs. 2, 86, 88, 94 Abs. 1, 99 und 103 auferlegten Maßnahmen wissenschaftliche Werke betreffen, werden diese im Einvernehmen mit der Tschechoslowakischen Akademie der Wissenschaften (Slowakischen Akademie der Wissenschaften) und soweit sie Werke auf dem Gebiete der landwirtschaftlichen Wisenschaften betreffen, im Einvernehmen mit der Tschechoslowakischen Akademie der landwirtschaftlichen Wissenschaften getroffen.

§ 110. — Die Rechtsverhältnisse der von Fonds (§ 74 Abs. 2, lit d) betriebenen Unternehmen werden durch eine vom Minister für Kultur im Einvernehmen mit den beteiligten Regierungsmitgliedern zu erlassende Organisationsordnung geregelt.

§ 111. — Alle Organe der Staatsverwaltung, Nationalausschüsse, Institutionen und Organisationen sind verpflichtet, bei der Durchführung dieses Gesetzes mitzuwirken.

§ 112. — (1) Alle Bestimmungen über die durch dieses Gesetz geregelten Angelegenheiten und alle den Bestimmungen dieses Gesetzes widersprechenden Vorschriften werden aufgehoben.

(2) Insbesondere werden aufgehoben:

1. Das Gesetz Nr. 218/1926 Slg. über das Urheberrecht in der Fassung des Gesetzes Nr. 120/1936 Slg.;
2. die Regierungsverordnung Nr. 10/1927 Slg. durch welche das Gesetz Nr. 218/1926 Slg über das Urheberrecht durchgeführt wird;
3. die Regierungsverordnung Nr. 10/1939 Slg. II über die Sicherstellung des Schutzes von Urheberrechten bei öffentlicher Aufführung geschützter musikalischer Werke;
4. Regierungsverordnung Nr. 164/1939 Slg. über die Sicherstellung des Schutzes von Urheberrechten bei öffentlicher Aufführung einiger geschützter musikalischer Werke;
5. Gesetz Nr. 106/1923 Slg. über den Verlagsvertrag.

§ 113. — Dieses Gesetz tritt am 1. Januar 1954 in Kraft; es wird von allen Mitgliedern der Regierung durchgeführt.

Kolibri 360 GmbH
Ferdinand-Jühlke-Straße 7
99095 Erfurt, Deutschland
produktsicherheit@kolibri360.de